Sex@mour

Jean-Claude Kaufmann est sociologue, directeur de recherche au CNRS (CERLIS, Université Paris Descartes). Il scrute les détails les plus fins de notre vie quotidienne, démontrant que rien n'est jamais anodin. L'analyse concrète n'est cependant pour lui qu'un point de départ, lui permettant de fonder une réflexion sur les développements les plus récents de notre modernité. En particulier, la nouvelle place prise par l'individu dans la société. L'originalité de cette démarche suscite l'intérêt d'un public curieux à travers le monde. Ses livres sont traduits en 15 langues.

La Vie HLM, usages et conflits, Les Éditions Ouvrières, 1983.
La Chaleur du foyer, Méridiens-Klincksieck, 1988.
La Vie ordinaire, Greco, 1989.
La Trame conjugale. Analyse du couple par son linge, Nathan, 1992, Pocket, 1997.
Sociologie du couple, Presses Universitaires de France, 1993.
Corps de femme, regards d'hommes. Sociologie des seins nus, Nathan, 1993, Pocket, 1998.
Faire ou faire-faire? Familles et services (éd.), Presses Universitaires de Rennes, 1996.
L'Entretien compréhensif, Nathan, 1996, Armand Colin, 2005.
Le Cœur à l'ouvrage. Théorie de l'action ménagère, Nathan, 1997, Pocket, 2000.
La Femme seule et le Prince charmant, Nathan, 1992, Armand Colin, 2006.
Ego. Pour une sociologie de l'individu, Nathan, 2001, Hachette, « Pluriel », 2006.
Premier Matin, Armand Colin, 2002, Pocket, 2004.
L'Invention de soi, Armand Colin, 2004, Hachette, « Pluriel », 2005.
Casseroles, amours et crises, Armand Colin, 2005, Hachette, « Pluriel », 2006.
Agacements. Les petites guerres du couple, Armand Colin, 2007, Le Livre de poche, 2008.
Familles à table (avec des photos de Rita Scaglia), Armand Colin, 2007.
Quand je est un autre, Armand Colin, 2008, Hachette, « Pluriel », 2009.
L'Étrange Histoire de l'amour heureux, Armand Colin, 2009.

Conception de la couverture : Raphaël Lefeuvre
Photo de couverture : © Brandtner & Staedeli/Corbis

ISBN : 978-2-200-24841-3

ARMAND COLIN ÉDITEUR • 21, RUE DU MONTPARNASSE • 75006 PARIS

JEAN-CLAUDE KAUFMANN

Sex@mour

ARMAND COLIN

Sommaire

DEUXIÈME PARTIE

PLAISIR ET SENTIMENT

TROISIÈME PARTIE

LES FEMMES, LE SEXE, L'AMOUR

Introduction

« Elle enfile ses bas, qui ne serviront qu'une fois.

Elle a enveloppé sa poitrine de dentelle fleurie, et porte le string assorti. Jarretelles, escarpins et sac à main.

Chacune de ses boucles est soigneusement placée, elle choisit Arden ou Chanel pour parfumer sa nuque. Il craquera, c'est sûr. Elle a appliqué ses ombres à paupières, pour qu'il plonge dans ses yeux, ensorcelé. Elle voudrait être la seule, l'unique. Celle qui éclipse toutes les autres. Dieu sait qu'il y en a eu, grandes, souples, bi, vieilles, plantureuses… Elles sont passées et repassées, dessus et dessous et que sais-je encore. Elle voudrait être celle qu'il ne pourra comparer, puisqu'il aura tout oublié. Surtout, il aura oublié toutes celles qu'il a fait rire et danser avant elle.

Qu'il les oublie toutes, ce soir et demain aussi[1]. »

L'émotion est déjà là, frissonnante, au bout des doigts. *Miss figue miss raisin* s'envole sur son petit nuage. Elle se raconte à la troisième personne, décrivant une sorte d'autre elle-même, évadée de son existence ordinaire. Cette nuit sera (peut-être) un voluptueux moment d'intensité. Ce soir sa vie pourrait basculer.

L'heure est venue. Elle part vers son rendez-vous.

« L'horloge indique 19 h 03. Il peut attendre encore. Il *doit* attendre, pour que le sort fasse effet. Avant de sortir de sa voiture, 19 h 17, dernier coup de gloss sur son rouge. Ses lèvres sont plus grandes et pulpeuses que jamais. Lentement, elle marche vers le bistro, laisse ses talons annoncer son passage, et appelant les hommes à se retourner. Elle sent une légère brise sous sa jupe trop courte. Elle sent surtout que tous les hommes qu'elle croise la désirent et frissonnent à la vue de ses grandes jambes qui se dirigent d'un pas sûr vers un autre homme. Jalousie. Il craquera, c'est sûr. L'espace d'une nuit, il oubliera tout[2]. »

Il est là, à l'attendre, au fond du café. Les photos n'avaient pas tout dit, même la webcam n'avait donné que des images. Ici, face à lui, l'impression est différente ; les corps parlent. Le garçon s'approche pour la commande. « Un autre mojito s'il vous plaît. » Tout va se jouer maintenant, elle le sait. À l'inverse de la *Commedia dell'arte,* les codes du petit théâtre amoureux d'aujourd'hui sont aussi stricts que le scénario reste ouvert. Ce sera peut-être juste un verre, peut-être une nuit, qui sait toute la vie ?

Mais qu'y a-t-il de nouveau sous le soleil des rencontres, direz-vous ? Voilà simplement un premier rendez-vous amoureux, comme il y en a toujours eu ! Eh bien, non. Même si cela ressemble à certains rendez-vous d'autrefois, les idées ont changé, les enjeux sont complètement différents. Seuls quelques éléments du rituel (se découvrir autour d'un verre) semblent avoir traversé le temps. Apparence trompeuse, d'ailleurs. Car la fixité des rites (encore plus précis et conformistes qu'hier) a justement pour fonction de masquer la nouveauté, qui se caractérise au contraire par un flou existentiel abyssal. Comme si cette sorte de nouveau code courtois avait pour vertu de guider les pas dans un monde sentimental désormais privé de boussole.

L'univers des rencontres amoureuses s'est brusquement transformé, au tout début du troisième millénaire. En se croisant, deux phénomènes très différents (une affirmation nouvelle des femmes concernant la sexualité, et la banalisation d'Internet) ont déclenché cette douce révolution. L'Histoire, parfois, est faite ainsi de conjonctions inattendues.

Tout ne pourra être dit dans ce livre, tant les questions posées sont immenses. Je ne traiterai que rapidement (dans le prologue) des échanges en ligne. Internet, en effet, a divisé la rencontre en deux temps, très contrastés. Avant le rendez-vous en face à face (la *date* dans la *real life* selon le langage en cours), les deux candidats amoureux ont plus ou moins longuement bavardé par écrans interposés. Telle est maintenant la première phase de la rencontre, marquée par un très grand confort psychologique. Car l'internaute peut jouer avec une grande liberté, dire ce qu'il n'a jamais osé dire, tricher, et surtout couper toute relation à sa guise, sans même avoir à s'excuser. Il croit pouvoir prendre sans être pris, ce rêve consommatoire des temps modernes, qui se révélera n'être qu'une illusion dès que l'amour, même sous des formes modestes, entrera en jeu.

Prologue

Sur la Toile

Un nouveau monde amoureux

Il s'est vraiment passé quelque chose au tournant du millénaire. Dans une atmosphère soudain devenue nouvelle, la vie en solo s'afficha sans complexes, dans des livres à succès (*Bridget Jones*), des séries cultes (*Friends, Ally McBeal*) ou des jeux urbains branchés fondés sur la « recherche de l'âme sœur » (*speed dating*). À la même période, les sites de rencontre sur Internet, qui étaient apparus dans le milieu des années 1990 aux USA (mais ne s'étaient développés que lentement en raison de freins techniques) explosèrent littéralement, multipliant leur chiffre d'affaires par dix en trois ans[1]. L'univers de la rencontre avait brusquement changé. La « bulle Internet » avait libéré les audaces. Hélas, la bulle éclata, les énergies retombèrent, le 11 Septembre réactiva les craintes sécuritaires. Le changement d'ambiance semblait n'avoir été qu'une joyeuse parenthèse. Pourtant, la révolution Internet continua à se développer au même rythme après que cette parenthèse se fut refermée. La véritable mutation était là, dans ce bouleversement du paysage de la rencontre, désormais à portée d'un simple clic.

Dans *La femme seule et le Prince charmant,* j'avais analysé les attentes amoureuses des femmes et les difficultés nouvelles de leur engagement. Les bouleversements provoqués par Internet étaient si notables qu'il me fallait remettre la question à jour. Ce que je fis d'abord dans une nouvelle édition du livre, en privilégiant les horizons ouverts par la prise de contact en ligne[2]. Mais il fallait aller plus loin, souligner combien Internet révolutionnait aussi la rencontre en face à face, « dans la vraie vie » comme disent les internautes. C'est le but de l'enquête présentée ici, qui peut donc être lue aussi comme une suite de *La femme seule et le Prince charmant.*

Actuellement, les sites de rencontre continuent à se développer rapidement, générant des profits considérables[3], bien qu'ils soient de plus en plus concurrencés par des sites gratuits et qu'une nouvelle tendance se manifeste : les sites spécialisés (par race, religion, profession, centres d'intérêt, etc.), regroupant un type particulier d'utilisateurs. La concurrence vient aussi des réseaux de messagerie et des blogs, qui permettent davantage d'échanger librement et de plonger dans l'intimité de l'autre. L'avenir sera donc sans doute différent de ce qui est sous nos yeux aujourd'hui. Mais quelles que soient les innovations à venir, l'important est que la rencontre par écran interposé se soit non seulement propagée mais aussi banalisée, en très peu de temps. Le processus de banalisation a été analysé par Robert Brym et Rhonda Lenton[4], qui ont montré que l'utilisation des sites se répand comme une tâche d'huile, par le bouche à oreille à l'intérieur des réseaux de connaissances. Chaque nouvel utilisateur abandonne rapidement ses réserves, ne tardant pas à convaincre de nouveaux amis de rejoindre le « club ». La rencontre par Internet, qui avait une image à peine meilleure que celle des agences matrimoniales, est devenue en l'espace de quelques années un moyen ordinaire et légitime de trouver l'âme sœur. Et bientôt, nous le verrons dans ce livre, un moyen ordinaire et légitime de faire des rencontres libertines, hors de tout projet d'engagement conjugal. Un moyen « normal ». Et même plutôt « tendance », tout le contraire justement des agences matrimoniales. Le public de ces dernières est plutôt traditionaliste, rural et d'âge mûr ; l'agence est le dernier recours pour sortir du célibat. Les utilisateurs des sites de rencontre, à l'inverse, sont des jeunes urbains diplômés, multipliant les activités sociales et de loisir[5]. Ils ont des idées ouvertes sur le changement, et sont, par exemple, plus que les autres favorables aux droits des femmes ou sensibles aux discriminations contre les homosexuels[6]. Ils n'ont rien des solitaires désespérés que l'on imagine parfois. C'est d'ailleurs l'autre raison qui explique que la banalisation ait été si rapide, car elle s'est imposée à partir d'un modèle de jeunesse et de modernité.

La banalisation a été si fluide qu'elle donne à cette révolution les allures d'une mutation tranquille, essentiellement technologique, loin de la « vraie vie » qui resterait telle qu'elle a toujours été. Or, le changement est beaucoup plus radical : Internet nous introduit dans une époque très différente de la rencontre. Facile, grisante ; mais remplie de pièges pouvant rendre l'amour encore plus improbable.

L'hypermarché du désir

Après avoir un peu hésité au début, les femmes aussi se sont ruées sur la Toile. Comment résister en effet ? Car il suffit désormais d'un clic pour voir défiler des hommes et encore des hommes, des centaines, souriants, gentils, disponibles, qui mettent en scène leur masculinité attirante, bandant leurs muscles en maillot de bain ou fièrement harnachés de cuir sur leur moto. Il suffit d'un clic pour choisir. Bienvenue dans l'illusion consommatoire, qui laisse penser qu'un homme (ou une femme) pourrait être choisi comme un fromage dans un hypermarché. Or l'amour ne fonctionne pas ainsi, il n'est pas réductible à la consommation, et c'est sans doute heureux. La différence entre un fromage et un homme est que ce dernier ne peut être ajouté à sa vie sans rien y changer. Il va tout chambouler au contraire, on ne sera plus jamais comme avant ; ni lui non plus d'ailleurs. La rencontre amoureuse précipite la métamorphose des deux identités. C'est ce qui irrésistiblement attire et fait peur à la fois.

Internet donne l'impression du contraire. Tranquillement installé chez soi, en charentaises, pas rasé ou pas maquillée (s'il n'y a pas de webcam), la prise de contact à distance offre d'abord et avant tout un incommensurable confort. D'un clic on se branche, et d'un clic on se débranche. D'un clic on détaille un « profil », et d'un autre on ferme la page. D'un clic on envoie un mail, et d'une absence de clic on ne répond même pas à la réponse. L'individu armé de sa souris s'imagine être le maître absolu de ses connexions sociales. Il ne sait pas qu'il a mis le doigt dans un engrenage, dont il ne sortira pas indemne. Le début est très excitant. Tous les obstacles habituels semblent effacés, un monde de possibles infinis s'ouvre devant soi. Comme autant de friandises qu'il suffit de cueillir dans une sorte d'Île enchantée ; l'internaute est un Pinocchio émerveillé.

Pourtant, de premières difficultés apparaissent très vite. D'abord à propos de la méthode de recherche. Les techniques de guidage du néophyte sont très performantes sur les sites. Mais une question reste entière : l'amour, comment ça marche ? L'âme sœur est-elle d'une manière ou d'une autre une émanation du Destin, produisant du « feeling » ou encore mieux un « flash » au premier échange, preuve que l'on a enfin trouvé celui que l'Amour vous avait réservé ? Paradoxalement, Internet réactive l'idée que « c'est écrit quelque part ». Jennifer, alias *Cendrillon69* (elle est née en 1969), rêve tout haut dans son blog : « Je vous le dis, c'est l'année 0 de l'Amour, le Grand, le Vrai. Ça pouvait pas marcher avant. T'attendais ton prince, t'attendais ton prince… et tu pouvais attendre longtemps! Parce que lui, il savait pas le pauvre! Aujourd'hui tu t'affiches sur le Net, et le monde entier le sait. Si c'est écrit quelque part que tu dois le rencontrer, y a plus d'excuses, ça ne peut plus rater. Il suffit de chercher un peu[7]. » Dans la société d'autrefois, celle d'avant Internet, au XXe siècle, 72 % des rencontres se produisaient dans le cercle des proches : sur le lieu d'études ou de travail, dans les réseaux familiaux ou amicaux[8]. Internet introduit sur ce point une vraie rupture, en offrant la possibilité de rentrer très facilement en contact avec des inconnus. Pour certains célibataires, habitant loin des grands centres urbains ou marginalisés pour une raison ou une autre, il représente un instrument inespéré et véritablement magique de désenclavement. La Toile a déjà ses légendes merveilleuses, comme ces handicapés qui ne se seraient jamais rencontrés sans elle.

Mais relisez bien ce que nous dit *Cendrillon69*. Bien que confiante dans sa destinée amoureuse, elle termine ainsi : « Il suffit de chercher un peu. » Le destin a besoin d'un coup de pouce. Internet n'est efficace que si on l'utilise activement. Or, c'est justement en cherchant que tout commence à se gâter. Le retournement est spectaculaire : ce qui avait provoqué l'excitation (le surnombre) produit désormais de la fatigue mentale. Trop, c'est trop ; trop de choix tue le choix. *Canalchris* en a le tournis. « De toute façon, quand on regarde leurs fiches, ils se ressemblent tous. Charmant, sportif, honnête, généreux, drôle, "pas de prise de tête", physique agréable, sensuel… Ils nous garantiraient presque le septième ciel. À tous les coups l'on gagne. Ben voyons ![9] »

Se prendre des claques (virtuelles)

La rencontre Internet est doublement attirante. Par les promesses infinies qu'elle offre (tout semble possible et facile). Et par le confort psychologique qu'elle procure, au moins tant que l'on reste derrière son écran. En réalité, le confort est relatif, car Internet est moins virtuel qu'on ne le dit trop souvent. Dès qu'il y a prise de contact, il s'agit d'une vraie relation, la distance n'en change que les modalités. Certes, il est beaucoup plus facile de se retirer (en s'excusant ou sans rien dire), ce qui facilite d'ailleurs les échanges très intimes. Mais ce retrait n'est pas sans conséquences pour celui qui le subit. Internet est souvent préféré comme mode de rencontre par peur d'essuyer des refus dans la « vraie vie ». Hélas, les rejets sont encore plus nombreux à distance, et souvent assez durs. Car celui ou celle qui ne sait pas se dégager assez vite se trouve aussitôt attrapé par la Toile. *Canalchris* l'a compris à ses dépens. « Avant, je répondais à chacun, par politesse. Il paraît que ça ne se fait pas sur les sites de rencontre. Il faut vite zapper. Maintenant je comprends pourquoi ils ne me lâchaient plus et me couvraient d'éloges : "Merci de m'avoir répondu, c'est rare une nana qui répond, vraiment je te remercie, enfin quelqu'un de bien, faisons connaissance, on va pas s'arrêter là." Et bla bla bla… Non, j'ai dit non ![10] » Certains sont envahis, d'autres brutalement délaissés. Sur Internet comme ailleurs, on prend des claques.

L'anonymat aussi est relatif. *Canalchris,* qui cherche l'homme de sa vie, réagit quand elle croise à nouveau ses « ex » : « Aucun ne manque à l'appel. *Summersun, Espoir62, Bond-008, Homérus, Asdecoeur, Fa-Dièse…* Donc ça n'a pas dû marcher comme ils voulaient. Bah, non. Comme pour moi. » Ces quêtes infructueuses lui renvoient en miroir ses propres impasses. Le défilement des profils devient moins enchanté. Un mois plus tard : « Clic… Malheur, pas lui ! *Fa-Dièse*… Oh non ! Toujours inscrit. Pour quelqu'un qui refusait les "rencontres sur commande", c'est abuser, là ! Je m'en serais bien passée. Ça m'apprendra à jouer la curieuse. Remarquez, c'est comme croiser un ex dans la rue, ça fait le même effet. Sauf que là, sur un site de rencontre, c'est écrit noir sur blanc qu'il est encore célibataire. Et qu'il ne veut pas le rester. » La mémoire d'Internet est profonde, chaque clic laisse des traces, même quand on essaie de les effacer. « J'ai un scoop : *Espoir62* est de nouveau célibataire ! Il est revenu. Sa fiche n'a pas changé d'une virgule. Tiens, j'avais oublié qu'il se prétendait "timide". C'est rien de le dire. Pour les retardataires : c'est la fameuse rencontre du 8 octobre. Mémorable. Donc, avec sa Toulonnaise, c'est parti en vrille, puisqu'il s'est réinscrit[11]. » Les traces sont particulièrement stigmatisantes pour celui ou celle qui s'affiche dans une recherche sérieuse de l'âme sœur, surtout lorsqu'elle devient longue et stérile. Derrière la liberté et la tolérance officielles, les critiques sont alors violentes sur la Toile. *Coton-tige* témoigne : « Le célibat c'est comme le chômage. Plus tu es longtemps au chômage, plus les employeurs sont réticents à t'embaucher. Bah oui, trop longtemps chômeur, c'est qu'il y a forcément un souci. Le célibat c'est la même chose. Plus tu es longtemps célibataire, moins tu attires les mecs. Parce qu'un ou une célibataire de longue date, ça a quelque chose de louche. »

Se présenter non comme recherchant l'âme sœur mais simplement pour une rencontre agréable serait-il moins risqué en terme d'image ? Pas pour les femmes en tout cas, nous verrons cela plus loin.

Une nouvelle drogue

Passé l'excitation des premiers mois, vient le temps du désenchantement et de la saturation. Il est néanmoins impossible de se décrocher de l'ordinateur, l'attirance est trop forte. La virtualité pourtant écœurante se révèle moins virtuelle qu'il n'y paraît, puisque mille liens minuscules irrésistiblement attachent, donnant la sensation d'exister et d'être reconnu, et même d'élargir sans fin son périmètre d'existence. Comment serait-il possible de renoncer à une telle intensification de soi ? Le rencontre online devient vite une drogue dont on ne peut plus se passer. Pascal Lardellier[12] a détaillé les degrés de la cyberdépendance. Les plus atteints sont ceux qui ont une fragilité relationnelle dans la vraie vie. L'ordinateur peut alors progressivement occuper le centre de leur existence et les accaparer tout entiers de façon obsessionnelle. À peine arrivés chez eux, la connexion s'impose de façon impérative.

Nous vivons de plus en plus dans un monde d'addictions. Parce que l'individu autonome, condamné à se construire lui-même, a besoin d'être soutenu, entouré, caressé, entraîné. Cocaïne, alcool, tabac, mais aussi sexe, travail ou télé : tout peut être détourné pour être utilisé comme une drogue. La connexion aux sites de rencontre est pour certains une drogue qui n'a rien de douce. Exaspérée, rêvant de « retourner dans la vraie vie », pour « dormir tout le dimanche matin » ou « faire pleins de cakes au chocolat », *Canalchris* a pris des mesures radicales : « Mon ordi aussi, il est en congé. Repos total. J'ai désinstallé MSN, c'est dire… Je lui ai même mis un drap dessus, on dirait la cage d'un perroquet qui dort, comme ça, je ne suis pas tentée. Vade retro Satanas ! » Deux jours plus tard, l'ordinateur était à nouveau en marche.

Il existe une addiction à l'accumulation compulsive de rencontres sans suite. Mais l'addiction la plus forte concerne la première phase de connexion virtuelle. Internet, je l'ai dit, coupe la rencontre en deux temps; c'est comme si tout recommençait à zéro avec le rendez-vous dans la « vraie vie ». Pour tenter d'éviter cet effet de rupture, les deux tiers des internautes s'envoient des photos, 86 % se téléphonent, quelques-uns, moins nombreux, branchent leur webcam[13]. Autre tendance, en fort développement : se préparer à la rencontre, sans le dire à l'autre, en menant l'enquête pour savoir qui il est vraiment. Comment ? Mais en allant sur la Toile bien sûr, et en faisant tourner les moteurs de recherche à partir des indices laissés par le prétendant. Car les traces sont innombrables et permettent de reconstituer une trajectoire, de livrer des facettes de la personnalité.

Ces enquêtes sont d'autant plus fréquentes que la recherche est sérieuse (un partenaire pour la vie). Pour ce qui concerne la drague plus légère, les enjeux sont moins importants, et l'effet de surprise peut même s'avérer ne pas être désagréable. Mais qui recherche quoi sur la Toile ? La confusion est très grande. Les hommes, toujours très tentés par le sexe pour le sexe, s'avancent souvent masqués. Cependant que les femmes, il y a peu encore réservées, se laissent de plus en plus séduire par l'idée de petites aventures d'un soir. *Canalchris* elle-même, qui ne cherche pas la gaudriole mais l'homme de sa vie, est parfois hésitante, comme avec *Fireblade11*. « Je suis slip ou boxer, mais surtout pas caleçon. Je déteste le large ; je n'ai rien à cacher, ni besoin de tricher. » « Quel coquin, ce *Fireblade11*. Hum… on se calme. » Cinq jours plus tard, après avoir failli céder, elle est moins chaude pour la rencontre. *Fireblade11* : « Alors, mon profil te branche ? Faisons connaissance. Si j'te plais pas, j'ai plein de potes célibataires. » *Canalchris* : « Oh, là… il va ameuter la région ! Prudence, il n'habite pas si loin que ça de chez moi. En un clic, j'ai la totale : son mail perso, son adresse MSN et son portable. Pas si vite ! Je ne suis pas sûre d'avoir envie, moi. Un peu trop baroudeur à mon goût. » Après plusieurs expériences décevantes, où les promesses des débuts furent vite oubliées, *Coton-tige* est désormais franchement sur ses gardes : « Maintenant quand *Dragueur Lourd* me demande d'où vient ce joli sourire, ou quand *Séducteur Ridicule* fait mine de s'intéresser à mon boulot, je comprends très vite que "Mâle Testiculé" en face de moi veut juste niquer. »

Les métamorphoses du plan cul

Pendant la dizaine d'année des débuts de la rencontre Internet que nous venons de vivre, les règles du jeu semblaient assez claires. D'un côté, une majorité de femmes cherchait le grand amour, l'homme de leur vie. De l'autre, une majorité d'hommes indiquait ne pas vouloir « se prendre la tête », ce qui, une fois décodé, voulait dire qu'ils recherchaient en fait surtout du sexe. D'où, par exemple, les déceptions de *Canalchris* et *Coton-tige.*

Aujourd'hui, tout est en train de changer, et c'est ce qui est au cœur de la présente enquête. D'abord, parce que les femmes revendiquent pouvoir trouver du plaisir et rien que du plaisir, comme le font les hommes depuis des siècles. Ensuite, parce que la frontière est devenue beaucoup plus floue entre sexe et sentiments. Prenez *Anadema.* Il n'a nullement l'impression d'être un prédateur. Il vit des aventures sexuelles bien sûr, mais aussi affectives et relationnelles (sans jamais s'engager trop, cependant). Il est surpris par certains commentaires qu'il reçoit sur son blog. « Ah, vraiment… sur ma relation avec *Lila,* j'en aurai entendu de toutes les couleurs : "Une histoire de Q", "ce n'est que physique", "un plan cul", "être réduite à un plan horizontal", "une relation qui commence par du cul", "une copine de baise", "une liaison de cul"... cul, cul et re-cul ! Tous ceux qui sont persuadés que ma relation avec *Lila* se résume à un plan cul vont être déçus parce que nous faisons aussi autre chose comme : manger, parler, nous promener, regarder des films, nous lire des histoires, fumer des plantes rares, bavarder autour d'un verre... et en plus nous nous estimons ! Selon les relations, selon notre plaisir à être en présence de l'autre, l'intensité des sentiments diffère. C'est à soi de décider à partir de quand on souhaite appeler ça de l'amour. À chacun son échelle. »

La nouvelle donne empêche désormais de pouvoir séparer clairement rencontre sérieuse et strict « plan cul ». Certes, ces deux extrêmes existent toujours. Mais, de plus en plus, une zone intermédiaire se développe, où rien n'est vraiment défini à l'avance. LA Rencontre (ce moment magique et assez unique dans la vie, fortement idéalisé et chargé d'enjeux) disparaît au profit du simple fait de se rencontrer, beaucoup plus concrètement et banalement, sans que l'on sache à l'avance ce que l'on va tricoter ensemble. Tout se passera autour d'un verre, selon le feeling de l'un et de l'autre. Sur la Toile, dans le premier temps de la prise de contact à distance, les manières de faire sont donc logiquement aussi en train de changer rapidement. Naguère (c'était il y seulement dix ans), le principe des annonces matrimoniales était encore dominant : chacun affichait ses attentes du partenaire idéal, listant ses critères de sélection. Aujourd'hui, l'important est d'abord d'échanger, d'apprendre à se connaître, de vivre de petites choses à distance, parfois de s'amuser. Voire d'oser très rapidement des évocations sulfureuses : « Le Web s'est imposé comme le plus grand lupanar ayant jamais existé[14]. »

Les sites de rencontre (officiellement tournés vers LA Rencontre, la seule, la grande) sont subvertis par ces demandes nouvelles, qui s'expriment aussi de plus en plus dans des blogs ou des réseaux sociaux.

Les trésors amoureux de la Toile

Mais avant que ne s'engagent les choses sexuelles-amoureuses, la Toile peut apporter bien des trésors. Elle est une expérience en soi, une vie plus vivante, plus intense, reliée et multiple, à portée de clic. Les connexions immergent dans un vaste réseau de connaissances, plus ou moins identifiées, plus ou moins proches, où se nouent des amitiés fugaces, des complicités ponctuelles, où s'échangent des émotions, beaucoup d'émotions et de marques d'affection. Un océan de baisers virtuels qui font chaud au cœur. Il existe une volonté manifeste de proximité et de tendresse sur la Toile. La dureté du zapping y contraste avec la quête d'humanité et de générosité sous-jacente, la sensibilité à fleur de peau. L'usage inflationniste des *smileys* en est la preuve, petits symboles par ailleurs bien commodes quand on ne sait pas trop quoi se dire. Il y a aussi cependant sur le Net beaucoup d'écrivains qui se cherchent, de poètes, d'artistes en tout genre, qui trouvent là le moyen d'exprimer leur talent. D'une façon très étonnante, la lettre romantique, que l'on aurait pu croire à jamais dépassée, refait ainsi surface dans des formes nouvelles après un siècle d'oubli. *Coton-tige* en témoigne : « J'ai passé la soirée d'hier avec *Écharpe-arc-en-ciel.* Il a slamé à m'en faire frissonner[15]. »

Toutes les formes, tous les degrés de l'échange amical ou amoureux sont possibles. Entre la romance à distance et l'addiction boulimique aux « plans cul » à répétition, on trouve ainsi le flirt en ligne. Sans les risques, les enjeux et les déceptions de la confrontation en face à face, et avec des contenus pouvant devenir « très hot quand il y a le feeling[16] ». Un quart des usagers des sites de rencontre, surtout des femmes, ne vont jamais à un rendez-vous[17], et flirter en ligne est une activité amoureuse plus fréquente que le *dating*[18]. Mais le rendez-vous *in the real life* reste, pour la plupart, le grand moment. Celui où les corps en présence dégagent des ondes bien différentes. Celui, également, où la mécanique amoureuse qui se met en branle ne permet plus aussi facilement de débrancher. L'histoire qui commence peut très vite emporter irrésistiblement. Histoire brève ou moins brève, hésitant entre sexe et sentiments, entraînant on ne sait où. Le problème est que rien n'est écrit et que tous les avenirs sont possibles. Heureusement, l'aspect très convenu du rituel atténue les angoisses et masque les flottements. La banalité des codes fonctionne comme une protection : commander un verre, bavarder ensemble, échanger des sourires.

En réalité, il s'agit d'une construction sociale ; la banalité résulte d'un processus qui l'a produite ainsi. Parce qu'elle était nécessaire. J'ai pensé qu'il serait judicieux, avant d'aborder les enjeux sous-jacents, de commencer par décrire très concrètement ce nouveau rituel faussement simple, comme si nous le vivions de l'intérieur.

Préparez-vous, la *date* nous attend.

PREMIÈRE PARTIE

Dans la vraie vie

Chapitre 1
La surprise au rendez-vous

Au premier rendez-vous, tout se passe comme si une nouvelle histoire commençait, quelque peu oublieuse des effusions online qui avaient précédé. Maintenant, seules des indications techniques sont échangées. Fixer l'heure, le lieu. Une soudaine neutralisation rompt sans le dire avec le passé, pour laisser l'avenir ouvert. Les deux protagonistes sentent que toutes les cartes vont être rebattues avec cette entrée dans la vraie vie.

Parfois, pourtant, ce qui a été dit et écrit ne peut être effacé ainsi. L'engagement a été trop marqué, entraînant les deux internautes dans une histoire dont les grandes lignes se dessinent déjà. C'est notamment le cas quand le flirt en ligne a pris des connotations ouvertement sexuelles. Comment envisager en effet qu'il soit possible de bavarder de choses et d'autres après que des caresses virtuelles aient fouillé au plus intime ? Telle est l'aventure qui advint à *Trentenaire dans la jungle*[1] avec *Saisissant séducteur.*

« Je me sens un peu call-girl »

« Je ne suis pas sûre que vous compreniez bien la folie qui m'a prise ! Vous risquez de penser que je suis complètement nympho. » *Trentenaire* s'était inscrite depuis peu sur un site de rencontre. Elle fut déçue. Les phrases toutes faites, les stéréotypes affligeants et autres fautes d'orthographe, signaient la médiocrité répétitive des échanges.

Sauf quand les *chats* prenaient une tournure plus câline, voire davantage encore. Elle n'était pas ouvertement venue là pour le sexe. Mais ressentir ainsi son pouvoir de séduction était irrésistiblement attirant. « Petit à petit, je crois que c'est ce que je cherche… Ça me rassure d'être trouvée séduisante. »

Fantaisy[2] l'avait initiée. De façon violemment directe et crue. Un pur chasseur sexuel, qui l'avait pourtant tentée quand elle vit sa photo (qui n'était pas affichée sur le site, comme c'est le cas pour la plupart des hommes mariés, très présents sur la Toile[3]). Très beau. Au moment de la rencontre elle prit peur, et lui posa un lapin. Elle n'eut pas ces réserves avec *Saisissant séducteur.* « Je le laisse mener la barque pour voir où il m'emmène. Et là, waouh !!! On ne m'a jamais parlé comme ça ! Des lignes et des lignes d'évocations érotico-poétiques ! Mais attention, pas du genre gnangnan, non, non ! Du genre qui vous fait décoller au plafond ! Enfin, moi, en tous les cas. » Petite interruption due à un déménagement, avant que l'amour en ligne ne reprenne de plus belle. « S'ensuivent des heures de *chat* pendant trois jours, de fantasmes inouïs, j'en suis troublée et affolée ! Une nuit, il demande à m'appeler et je lui donne mon numéro de mobile. Il est aussi doué au téléphone que sur le *chat,* a une voix d'une sensualité envoûtante et m'appelle “mon cœur”. Moi je craque ! S'il fait aussi bien l'amour qu'il en parle… » L'idée de la rencontre s'impose alors de façon naturelle, et son contenu est évident pour tous les deux. D'ailleurs ils la fixent directement à l'hôtel. « Et le voilà à me demander de monter à Paris ! Bon, je rechigne un peu, je préfère qu'il vienne à Marseille. C'est vrai, ça me rassure, c'est mon territoire.

– Pas de problème !

– Quand ?

– Mais ce week-end !

En 5 mn, il a déjà trouvé l'adresse du Sofitel ! » *Tren-*

tenaire est emportée par un véritable tourbillon, comme si elle jouait un rôle. « Me voilà partie… et arrivée à la réception de l'hôtel. Vous imaginez le tableau : réception super-classe du Sofitel, ambiance feutrée, talons, petite jupe noire, petit haut sexy mais pas trop, tout ça sous un trench noir… Je me sens un peu call-girl… ça fait un peu bizarre d'aller passer le week-end à quelques pas de chez soi, mais au diable les convenances. » La suite ne fut pourtant pas conforme au programme annoncé, nous verrons cela bientôt.

« Je cherche un mec »

Mais en attendant, *Marion* va nous aider à comprendre que le sexe n'est pas seul à pouvoir fixer à l'avance la nature du premier rendez-vous. Si des histoires comme la sienne ne sont pas courantes, elle est justement intéressante en nous montrant qu'un autre usage amoureux d'Internet aurait été possible, loin du code de la rencontre qui s'est désormais établi.

Marion avait lancé un appel sur Twitter : « Je cherche un mec. » Jusque-là, rien de bien original. L'avalanche de réponses masculines lui proposant un bon plan pour la soirée n'avait rien non plus de très surprenant. Sauf une. Celle d'*UnMec*, qui créa un blog pour l'occasion (*UnMec pour Marion*). Leur histoire, qui n'en était pourtant encore qu'au point zéro, devenait instantanément publique, et s'écrivait en direct, en impliquant trois cercles d'intervenants. Les deux tourtereaux numériques, bien sûr, chacun dans son style. Entourés de groupes d'amis prenant une part active aux mouvements d'approche (*Marion* lança ainsi des « détectives » pour espionner *UnMec* dans la vraie vie, tout en lui relatant online le résultat des enquêtes). Enfin, la vaste troupe des usagers des deux blogs, multipliant les conseils, les encouragements, les commentaires critiques ou enthousiastes. De nombreux détails de la rencontre furent ainsi mis en discussion publique. *Marion* lança par exemple le thème de sa tenue vestimentaire. *UnMec* réagit sans passion excessive ; ce qui ne fut pas le cas de ses copines ! « Ça a été la question cruciale sur Twitter tout à l'heure. En jupe ? En robe ? N'en-dévoile-pas-trop-surtout-Marion. » Très vite, la rencontre fut constituée en véritable événement, alimentant une pression émotionnelle. Emportée par cette irrésistible histoire à plusieurs voix, *Marion* se laissa aller à un lyrisme peu avare de promesses.

« Le mystère s'épaissit, finira-t-on en happy end, avec baiser en cinémascope sur le pont des Arts ?

UnMec, UnMec, UnMec, comme j'ai hâte et à la fois j'appréhende d'être vendredi.

UnMec, UnMec, UnMec, UnMec, deviendras-tu mon mec ?

J'espère aussi qu'en plus d'être romantique tu es câlin, car je suis une free-hugs[4] girl, une câlineuse compulsive[5]. »

Le rendez-vous fut fixé rapidement, un vendredi soir. *UnMec* entra dans la peau de l'organisateur précis, poétique mais pointilleux, ne négligeant aucun détail bien qu'il s'en défendît. Il se renseigna sur la météo : il devait pleuvoir. Il fallait donc choisir un endroit adéquat : couvert, tout en permettant de fumer, puisque tel était l'une de ses mauvaises habitudes. Autre défaut : son manque d'enthousiasme pour les discussions à n'en plus finir sur les coupes de cheveux ou les choix vestimentaires. Le long débat sur le blog avait débouché sur l'option d'une jupe Liberty pour *Marion*. *UnMec* apprit ainsi qu'une jupe Liberty est faite dans un tissu imprimé à motifs floraux. « Demain soir nous pourrons boire des cocktails et grignoter quelques tapas si le cœur nous en dit. Le temps a l'air de s'améliorer, ce sera l'occasion pour moi de déboutonner un peu ma chemise et pour toi de profiter à plein de ta jupe. Puisque tu seras en Liberty, je n'aurai pas à amener de fleurs, ça aurait été trop cliché de toute façon. »

Enfin, le vendredi tant attendu arrive. Marion porte comme convenu sa jupe Liberty. « Pour ça j'étais au courant, pour tes yeux verts j'avais eu un petit aperçu, mais je n'en imaginais pas tant. » Ils se dirigent vers un bar à cocktails et tapas. « On arrive dans le bar, on commande des margaritas et une assiette de tapas. Les tapas arrivent avant les boissons. On attaque l'assiette, et on manque tous deux de mourir étouffés à cause de champignons trop épicés. » Premier thème de conversation : leur histoire par blogs interposés. « On parle un peu de nos petits jeux virtuels, lui comme moi avons été sévèrement dépassés par les événements, même si on s'est bien marrés à écrire tout ça. » Suivent des plaisanteries et bavardages divers, sur les moritos, décidément trop forts (ce sera donc une margarita[6]), sur la jupe Liberty ou l'art de la chasse dans les bars. « Je lui dis que je suis fleur bleue, il n'en croit pas un mot. On se lance dans une lamentable tentative de demander à boire au barman en espagnol, qui ne nous comprend pas. La margarita nous attaque un peu, on dévie sur des sujets plus perso. » Leur histoire online offre mille choses à dire, des occasions de rire. Enveloppés par cette chaleur communicative, ils parviennent à se masquer le flottement du contenu. Car, sans être reniés, les engagements virtuels ont quand même baissé d'un ton.

La suite fut plus facile. La question du baiser lors de la première rencontre est très débattue, nous verrons cela. Pour *UnMec* et *Marion* il n'y avait aucune hésitation. « Selon la police j'aurai lancé le regard "signe", celui qui dit que la fille veut bien que le garçon l'embrasse. Selon la manifestante, moi, il m'a juste demandé : "Alors qu'est-ce qu'on fait maintenant ?" Je n'ai rien répondu. On s'est embrassés. » *UnMec* confirme : « Et puis il y a eu ce petit silence, tes yeux verts qui me regardent par en dessous, et notre premier baiser... »

Après le baiser, l'autre grande question débattue est celle de savoir si une fille peut coucher le premier soir. Mais sur ce point, *Marion* avait fixé ses limites : « Pour les curieux de tous bords, je suis Vieille France, je ne couche jamais le premier soir. » *UnMec* fut peut-être un peu déçu.

« C'est vrai, *Marion*, je commence à croire que tu es fleur bleue...

– Oh, là, je suis plutôt menthe verte (en désignant mon mojito[7]). »

La conclusion de l'affaire ne fut sans doute que légèrement reportée (au lendemain). Hélas, sur ce point, j'en suis réduit aux hypothèses. Car cette belle romance 2.0. devint brusquement secrète. « Le reste se vit à deux et ne s'écrit plus, en tout cas pas ici[8]. » *UnMec* clôtura même son blog ; *Marion* ne parla plus d'*UnMec* dans le sien.

Nous ne saurons donc rien des suites de l'histoire. Tout laisse à penser cependant que, du côté de *Marion*, la page fut vite tournée. Plusieurs autres héros de rencontre lui succédèrent en effet rapidement. Il y eut *Connard 1er*, puis *Monsieur Rhum Arrangé* (« celui qui invite les jeunes filles à boire du rhum chez lui, et plus, si affinités ») dans les quelques jours qui suivirent. *UnMec*, c'était déjà de l'histoire ancienne. La conception « fleur bleue » de *Marion* est, en fait, très particulière, la romance s'évapore chez elle au profit de nouveaux épidermes caressants.

Même une rencontre organisée, dont les échanges préalables réduisent l'incertitude, réserve donc aujourd'hui des surprises. Pour *UnMec* et *Marion*, leur belle romance 2.0. devait, hélas, s'interrompre brusquement. Pour *Trentenaire dans la jungle*, les propos échangés sur le Net annonçaient, sans l'ombre d'un doute, un programme très hot. Nous l'avions laissée tout émoustillée à la réception du Sofitel.

« Je demande le numéro de la chambre du monsieur, et là...

– Ah, non, il n'y a personne à ce nom-là, désolée Madame. Il n'y a pas un autre nom ?

– Sglurp ! Mais il n'y a pas un message ?

– (recherche de la réceptionniste) Non, pas de message Madame (elle va arrêter de m'appeler Madame avec cet air compatissant celle-là ou je lui fais bouffer son stylo). Vous êtes sûre que c'est à ce Sofitel, il y a aussi le Palm Beach sur la Corniche... ». *Trentenaire* envoie un SMS à *Saisissant séducteur*. Il doit s'agir d'un malentendu, pense-t-elle. Voix du répondeur. Messagerie saturée.

« Deuxième SMS : “C'est une blague ?!” Je vais boire un café au bar de l'hôtel, pleine de dignité. Toujours pas de réponse. Troisième SMS : “Connard !” Je prends mon sac et sors de l'hôtel avec toujours autant de dignité. Je remonte chez moi à la vitesse de la lumière malgré les talons. Je suis verte de rage ! Comment j'ai pu y croire ? Franchement, comment je peux croire qu'un mec va venir de Paris et m'inviter à passer un week-end de folie au Sofitel, sur quelques excitations chattesques et autres coquineries téléphoniques ? » Comme dit *Maria* : « Désormais les râteaux n'ont plus de sexe[9]. »

Arrivée chez elle, elle se connecte sur le site de rencontres, et découvre avec stupeur que *Saisissant séducteur* est en ligne, occupé avec d'autres proies virtuelles. « Je respire, et décide d'envoyer un mail assassin ! Et cela me fait grand bien. Morceaux choisis : c'est ça qui t'excite ? Allumer une nana à ce point et la planter dans un hall d'hôtel à t'attendre ? À quoi ça sert tout ce baratin, si c'est pour ne même pas en récolter les fruits ? Tu te satisfais de bien peu... Le fantasme virtuel, c'est donc ça que tu cherches ? Rester planté devant ton ordi à chasser par écran interposé ou à te prendre pour un poète spirituel au téléphone… Bien triste tout ça, pathétique, minable ! »

Même quand on la croit balisée à l'avance, même quand elle est très structurée par des rituels sécurisants (prendre un verre), la rencontre se fait aujourd'hui de plus en plus en plus incertaine. Elle est un événement spécifique et ouvert, qui rompt avec les engagements qui avaient précédé online. Vous vous souvenez de *Fantaisy,* dont *Trentenaire* n'osa pas nous décrire les propositions sexuelles tant elles étaient canailles. Il lui proposa un rendez-vous « juste pour boire un verre », lui assurant qu'il ne lui « sauterait pas dessus » (*Trentenaire* accepta, avant de se rétracter au dernier moment).

Quelles qu'aient été les paroles écrites en ligne, voire les audaces proférées au téléphone, aller vers la première rencontre est une aventure totalement nouvelle.

Chapitre 2
Premiers pas

Faire clac-clac avec les talons

D'abord se préparer. Choisir les vêtements en harmonie avec ce que l'on s'attend à vivre. Alors qu'elle croyait encore au plaisir annoncé avec *Saisissant séducteur*, *Trentenaire* avait tout prévu. « Petits préparatifs avant le week-end de ma vie : achat de dessous ultrasexys, esthéticienne, coiffeur, petite jupe noire, la totale ! Même le porte-jarretelles, c'est vous dire ! Et puis bon, je n'en avais pas, il faut bien que je parfasse ma garde-robe de séductrice du Net ! Ça peut toujours servir ! » Puis, à l'heure dite, se diriger vers le lieu de l'événement.

Ne pas trembler, se rassurer si besoin par un manteau enveloppant ou des chaussures qui claquent le sol. *Fanette* s'accroche à ces repères minuscules pour conjurer la panique : « Donc je vais arriver d'un pas plein d'assurance, sûre de moi et tout, bien droite. Ah ! ah ! ah ! En plus ce jour-là j'ai de petits talons. Avec des talons je peux marcher en faisant clac-clac, ça me donne la pêche. C'est con mais c'est bon. J'ai un manteau long (ça me tasse un peu, mais je me sens bien dedans). Je révise mentalement tous les trucs positifs, et je me dis que je vais tout faire pour me sentir bien et arriver en forme[1]. » Hélas, le premier contact souvent n'est pas simple. Il faut se reconnaître, trouver les mots sans bredouiller, éviter les platitudes affreusement convenues. *Nathalie* n'y parvint guère. « Nous nous sommes donné rendez-vous devant un resto. J'avais très peur, et je ne savais absolument pas comment il était physiquement.

Puis, il arriva et, d'une voix hésitante, il me demanda si c'était bien moi[2]. » Ils avaient prévu non pas un simple verre mais un repas, ce qui généralement engage beaucoup plus. Hélas, l'étrangeté distante du début continua à définir leur relation, les piégeant dans sa froideur. « Nous déjeunons ensemble, et je me sens totalement ridicule à l'idée de partager ce repas avec un parfait étranger. Nos belles discussions et nos rires via le Net semblaient envolés. » Leur histoire s'arrêta là.

Encore faut-il que l'histoire commence. Or, fréquemment, le doute s'installe : il semble n'y avoir personne au rendez-vous. Erreur sur le lieu ? Insupportable lapin ? Dans bien des cas, il s'agit simplement d'une discordance entre les rythmes de l'un (ponctuel) et de l'autre (plus cool). Ou d'une tactique de retard savamment préméditée. L'infortuné piétineur sombre dans un abîme de réflexions. D'accord pour attendre un peu, mais combien ? Surtout quand la rencontre a été fixée dehors et qu'il pleut. *Flash Gordon* était pourtant installé bien au chaud, à la table d'un café. Hélas, l'attente fut vraiment interminable. « Persuadé d'avoir un pouvoir de séduction sans faille », il résista au-delà du raisonnable, plus de deux heures. « Je crois qu'à la fin je faisais même de la peine aux serveurs[3]. »

Bien sûr, il y a le téléphone. Les SMS sont d'ailleurs massivement utilisés dans le mouvement d'approche et de reconnaissance mutuelles. Embouteillage qui fait perdre cinq minutes, confirmation du lieu, etc. Chacun sent qu'il n'y a aucune impolitesse à se rassurer ainsi. Les petits messages mettent à l'aise. D'autant qu'ils sont strictement techniques. Ils jouent, en fait, un rôle bien plus grand qu'ils n'en ont l'air. Cette technicité permet de rompre avec ce qui avait été dit sur la Toile et d'installer la neutralité du rituel qui va engager dans une nouvelle aventure. Échanger des informations, ressentir la proximité de l'autre, mais sans donner de signe d'engagement, telle est la règle du jeu. Car tout devra se décider ensuite, autour du verre, dans la vraie vie.

Malheureusement, il arrive bien trop souvent que le téléphone soit sur répondeur. Alors, l'angoisse monte, la déception, la rage. *Flash Gordon* dut se rendre à l'évidence : elle lui avait posé un lapin.

Pourquoi donc tant de lapins ?

Telle est la hantise du « dateur » quand les minutes s'écoulent. Serait-il victime d'un lapin ? Mais alors, pourquoi, pourquoi ? Plus le temps passe à attendre, plus les questions fissurent l'estime de soi. *Christophe* avait fixé le rendez-vous dans un restaurant[4]. Mauvais choix : c'était son jour de fermeture ! Il resta sur le trottoir un moment si long qu'il lui sembla une éternité. Sans numéro de téléphone portable à appeler, consultant nerveusement le sien qui refusait de sonner. Il a encore aujourd'hui dans la bouche le goût amer de son immense solitude. Pourquoi, mais pourquoi ?

Les lapins ne sont pas rares lors du premier rendez-vous, et les victimes adoptent presque toutes le même comportement. Elles veulent savoir, obtenir d'une manière ou d'une autre des explications. Surtout pour se rassurer. Si le téléphone ne permet pas de les obtenir, elles se pressent de rentrer chez elles, pour se brancher à toutes les connexions possibles et exiger des réponses. Parfois elles en obtiennent, qui calment un peu leur inquiétude. *Antoine* apprit ainsi que sa promise était bien venue au rendez-vous. « Elle était arrivée elle aussi à l'heure, m'avait vu en train de l'attendre, et puis, là, blocage, impossible de faire le dernier pas, et elle est repartie avant que je ne la voie. C'était son premier rendez-vous sur le Net, elle a paniqué. Ouf ! J'ai eu peur, un moment j'ai cru être repoussant[5]. » Le plus souvent hélas, les justifications sont pitoyables. Impossible d'y croire sérieusement. *Christophe* aurait finalement préféré qu'elle ne dise rien : « Elle a prétexté que son père était souffrant et qu'elle n'avait pas pu se déplacer. » Mais alors pourquoi ne pas avoir appelé pour le lui dire ? « Je lui avais laissé mon numéro justement pour cela. » Elle bafouilla des réponses incompréhensibles. *Frogita*[6] est dans le même état d'esprit. Elle avait vainement attendu dans un jardin public, sous la pluie et le vent. Elle multiplia les coups de fil. Pas de réponse. Rentrée chez elle, elle le bombarda de mails. Pas davantage de réponse. Le lendemain, elle reçut enfin un message : « Je ne me suis pas réveillé pour l'heure du rendez-vous. » Un rendez-vous qui avait été fixé à 14 heures !

La proportion des rendez-vous manqués est importante. Pour une raison essentielle : contrairement à ce que chacun pense, la rencontre n'est pas la simple suite des échanges en ligne. Elle met en scène deux individus réellement différents de ce qu'ils étaient sur la Toile. Pas plus vrais ou plus authentiques, mais différents. Tout recommence d'une certaine manière à zéro, parce que les cartes sont complètement rebattues. Ceci explique d'ailleurs pourquoi la codification des rituels soit aussi nécessaire, pour banaliser et neutraliser la séquence de transition entre les deux histoires.

Les internautes à la recherche de rencontres se répartissent en trois groupes[7]. Il y a ceux qui à la fois échangent en ligne, prennent plaisir à découvrir l'autre ainsi, puis souhaitent le voir « dans la vraie vie » pour boire un verre et plus si affinités. Les affinités et les désirs ne se découvriront vraiment qu'autour du verre, car les perceptions seront nouvelles, et ils auront à traiter les contradictions avec les échanges virtuels qui avaient précédé. Mais il existe aussi deux autres groupes, qui règlent le problème en ne s'investissant véritablement que dans l'un des deux moments. Soit en ne pensant qu'à la rencontre, le plus souvent réduite à des cibles purement sexuelles. Ces chasseurs de la Toile, même s'ils prennent parfois du plaisir aux échanges en ligne[8], se projettent déjà dans l'avenir du face-à-face (ou plutôt du corps à corps). Ils ne sont pas avares de promesses et n'hésitent pas à mentir pour séduire. Soit en ne vibrant au contraire que par la magie de l'amour à distance.

La magie, car cet amour des temps modernes permet toutes les audaces sans prendre le moindre risque, notamment celui de l'engagement. On trouve dans ce groupe des poètes, des grands affectifs, beaucoup de cœurs brisés aussi. Parce que les caresses virtuelles peuvent faire fonction d'infirmerie de l'amour[9]. Il faut cependant noter que les adeptes du 100 % numérique, les fondamentalistes du refus radical de la *real life,* y sont minoritaires. Pour la simple et bonne raison que l'échange en ligne est un vrai échange, une vraie histoire. Les émotions ressenties sont bien réelles et peuvent être intenses, à leur manière. Elles s'étiolent cependant quand l'internaute a conscience qu'il n'y aura jamais aucune suite concrète, que tout cela restera des mots sur un écran, du virtuel, du pur imaginaire, du pas vrai. Il faut donc se convaincre que rien n'est interdit, aller plus loin, avoir l'audace de dire et de se dire que demain peut-être les épidermes entreront en contact. Frissonner à cette seule idée. L'aventurier du Net n'a donc pas conscience de mentir. Il ne ment pas, il cherche à prolonger ses émotions à distance, en poussant sa vérité aussi loin que possible.

La beauté intérieure

Hélas, le moment arrive où son monde imaginaire s'effondre. Parce qu'il faut basculer dans l'autre histoire, celle de la *real life,* et qu'il en est incapable (souvent d'ailleurs parce que son monde imaginaire est trop gigantesque et solidement construit). Cela peut arriver au seul son de la voix quand il ose un premier coup de téléphone. Les mots trébuchent, affreusement ordinaires, ils ont perdu la fluidité, l'humour, la poésie, l'audace de ce qui s'échappait du clavier. Comme un univers romantique qui s'écroule. Même la sensualité et l'érotisme ont disparu. Curieux paradoxe : alors que la personne de chair se fait plus proche, les corps se rigidifient et produisent de la distance.

La voix ne joue toutefois souvent qu'un rôle second. L'ennemie véritable, absolue, c'est l'image. On « flashe » beaucoup aujourd'hui sur la Toile (il suffit d'appuyer sur un bouton pour l'indiquer), comme dans la vraie vie ; on flashe en fait sur des images. Ceci est lié aux nouveaux modes d'identification des personnes que l'on croise[10] : plus la réalité des individus devient complexe et changeante, plus nous nous formons une idée de ce qu'ils sont d'une manière simple et rapide, immédiate, par le regard. D'où une véritable tyrannie de ces jugements à l'emporte-pièce, qui exacerbent bien sûr des canons de beauté standardisés et réducteurs. En deux secondes, la messe est dite. Malheur à ceux et celles dont les traits s'éloignent des images sacrées.

Je disais que la vraie vie n'est pas forcément plus vraie que les échanges en ligne. En voici une belle illustration. Car rien n'est plus trompeur que cette impression fugace déclenchée en fait par des stéréotypes sociaux normalisant les critères de la beauté. Si le feeling est une technique de décision amoureuse très efficace, il demande beaucoup plus que quelques secondes et exige d'expérimenter autrement le partenaire. Les échanges en ligne permettent justement de se dégager de cette tyrannie réductrice, en apprenant à connaître l'autre sans a priori, à découvrir toute la richesse de son univers. Les internautes expriment le bonheur de cette libération en glorifiant la « beauté intérieure ». « C'est la beauté intérieure qui compte » est un des préceptes de la Toile les plus communément propagés sur les sites de rencontre. Hélas, les mêmes internautes réclament très vite une photo. C'est plus fort que tout, ils veulent voir. Or, quelle que puisse être la force des convictions sur la beauté intérieure, quelle qu'ait été la ferveur des échanges précédents, la vue de la photo déclenche instantanément un autre regard sur la personne. Aucune beauté intérieure ne résiste longtemps à une photo. « *Poupidou34* m'a confié ce soir : "Je ne suis pas un play-boy, mais il paraît que c'est l'intérieur qui compte. Ça m'arrange." Je veux bien le croire. À la photo, j'avais deviné[11]. »

Nire Grinak, lui aussi, a été victime de sa photo : « Nous avions convenu d'un rendez-vous avec M. alors que ma photo n'était pas encore validée. Heureusement que je suis allé vérifier mes mails peu de temps avant ce rendez-vous qui s'annonçait fort sympa. "Bonjour, je suis au regret de devoir annuler le rendez-vous prévu ce soir. Je suis désolée, mais je suis quelqu'un d'honnête. J'ai vu ta photo sur Meetic. Tu n'es pas le type d'homme qui me plaît. Je suis peut-être dure, mais je préfère être franche. J'ai créé cette adresse mail uniquement pour te prévenir. N'essaie pas de me recontacter, cela ne servirait à rien. Je te souhaite bonne chance pour l'avenir. J'ai été ravie de cette discussion par Meetic interposé l'autre soir. Amicalement. M.". » Aussi brutale soit cette fin de non-recevoir, *Nire Grinak* s'était quand même épargné (d'extrême justesse) le désagrément d'avoir à subir un lapin. Ce qui n'est malheureusement pas le cas de bien d'autres.

Car la photo n'est pas le pire du pire. Assez souvent, l'amoureux virtuel ne se bloque pas sur cette image, il l'intègre d'une manière ou d'une autre dans son monde merveilleux, et poursuit plus avant l'aventure. Jusqu'à oser fixer un rendez-vous (ou plus souvent, à céder aux demandes de vraie vie de la partie adverse). Mais le jour J, ses jambes se dérobent. Il a peur, peur de tout. Peur de lui et de ses incompétences, peur de l'épreuve, peur de l'autre. Ce qu'il croyait être une simple suite devient une tout autre histoire, pour laquelle il ne sent pas armé. Il renonce honteusement, sans même, bien souvent, le courage de prévenir. C'est sans doute ce qui advint à *Saisissant séducteur.*

Parfois, il se rend quand même sur les lieux. Ou à proximité du lieu. D'un pas si incertain qu'il sent déjà que l'histoire risque de se terminer là. Il rode dans les parages, discrètement, observant à la dérobée. À nouveau alors, l'image (la brève perception de l'autre en train d'attendre) entre en jeu pour freiner ce qui pouvait lui rester d'ardeur. *Caro* a très peur des effets d'image de ses kilos, infiniment plus légers sur son blog, pesant des tonnes lors d'une première rencontre : « Alors la seule chose qui peut me stresser présentement, c'est moi. Je suis pas une belle petite pitoune de 117 livres… Je sais que des mecs qui les aiment plus grosses, ça existe, mais j'ai tout le temps peur du premier regard que l'autre me lance[12]. » Ce n'est pas, ce n'est plus l'amoureux ou l'amoureuse de la Toile. La personne qui est là est étrangement différente, inconnue. Et pas seulement pour une histoire de kilos ou de centimètres. C'est vraiment une autre personne avec laquelle tout serait à recommencer. Une personne inabordable.

Voilà pourquoi il y a tant de lapins.

Les fausses rencontres

Dès que le « dateur » commence à attendre (et il attend souvent), l'idée qu'il puisse être victime d'un lapin vient le hanter. Même si tel n'est pas le cas, l'attente et son cortège de moments pénibles ne mettent pas dans les meilleures dispositions. *Soann* avait eu le temps d'attirer l'attention, plantée sur son trottoir. « Je l'ai attendu 20 minutes, pendant ce temps j'ai eu l'occasion de me faire siffler, accoster par un type (très, très) bizarre, draguer par deux gars qui, me voyant avec ce type bizarre voulaient me sauver, etc. Bref, attente interminable et pas des plus agréables… Enfin monsieur arrive ![13] » L'impatient se croit délivré quand il remarque la silhouette tant désirée. Hélas, ses tracas ne sont peut-être pas terminés. Car venir au rendez-vous ne signifie pas que l'on soit pleinement présent ; la personne qui est là est parfois, dans sa tête, un peu ailleurs. La vraie rencontre signifie que l'on est disponible, ouvert à la surprise, curieux de l'autre. Or, le trouble provoqué par la transition identitaire entre les échanges à distance et la *real life* pousse au contraire à se crisper sur ses repères anciens, à se clore dans une carapace défensive, et donc à ne voir chez l'autre que ce qui peut devenir prétexte à un jugement négatif. « Je me souviens l'avoir attendu en bas de chez moi, furieuse. D'abord parce que j'avais découvert avec consternation que les bottes que je venais d'acheter une fortune ne m'allaient pas, puis de son retard, puis du décalage entre nos efforts vestimentaires respectifs, puis de le trouver trop petit (forcément, j'étais juchée sur des talons de douze centimètres). J'ai eu envie de remonter chez moi illico. Je n'étais pas d'humeur et ça ne pouvait pas ne pas se voir[14]. » *Saskia* amalgame tous ces arguments pourtant disparates (le retardataire n'y est pour rien concernant les bottes) pour se convaincre que cette rencontre est une erreur, et ainsi refuser le basculement identitaire qui la rendrait disposée au changement. Les ennuis continuent bien sûr alors à s'enchaîner (même le café apparaît glauque), et finissent pas déclencher la même attitude de fermeture hostile chez son vis-à-vis. « Cette rencontre me pesait trop, finalement, je ne me sentais pas prête. La conversation était peu enjouée, je n'étais pas particulièrement à l'aise et le café était glauque, vide. Je lui ai proposé de prendre un verre chez moi, mais je savais que je n'aurais certainement pas envie de batifoler, alors je l'ai prévenu qu'il ne se passerait rien. Une fois chez moi, je n'ai pas eu plus envie de l'approcher, je n'étais pas à l'aise, il y a eu des silences un peu embarrassants. » *Saskia* met de la musique pour masquer les blancs de la conversation. Il n'aime pas cette musique et le dit tout net. Rapidement, leur histoire se termine avant même d'avoir commencé. Comment avaient-ils pu se croire si intimes sur la Toile ? Ils avaient même longuement parlé de musique. Elle se souvient de cette phrase pleine de sous-entendus : quand deux personnes s'entendent sur la musique, elles peuvent s'entendre sur tout. Dans la vraie vie, ils ne s'entendaient sur rien. Ils ne s'entendaient sur rien parce que dès le début *Saskia* en avait décidé ainsi.

Qui sait, tout avait-il peut-être commencé à mal tourner avec l'agacement pour les bottes ? Le retard s'y était ajouté, puis la découverte des centimètres manquants. Dans les récits de rencontres ratées, il est beaucoup question de tricherie sur la hauteur, le poids, ou de photos trompeuses. Le « dateur » se disant en quelque sorte victime d'une publicité mensongère. *Meeticgirl* fait un relevé précis :

« 20 h 05 – Première désillusion : sa photo datait d'il y a 5 ans, il paraît si vieux avec ses 28 ans pourtant !

20 h 10 – Seconde désillusion : il fume comme un pompier. OK je fume aussi, mais il annonce qu'il fume plus d'un paquet par jour. Beurk !

20 h 15 – Troisième désillusion : sortie de voiture. Eh ! Ta taille annoncée sur le site n'est pas la bonne, mes yeux sont à la même hauteur que les tiens[15]. »

Attention, cependant : l'argument est facile, beaucoup trop facile. Les études montrent que si les légers mensonges et autres maquillages sont fréquents sur le Net (c'est de bonne guerre, on ne va tout de même pas afficher sa photo la plus affreuse), les grosses tromperies sont par contre assez rares (et sont le fait surtout de prédateurs sexuels sans scrupule)[16]. Car ceux qui cherchent une vraie rencontre se trouvent pris dans une logique d'expression de soi qui les incite à un minimum de sincérité. Les petits arrangements avec la réalité restent modestes ou marginaux. Chacun ressent que tricher davantage serait sanctionné tôt ou tard.

L'argument de la publicité mensongère est donc exagérément grossi. Il est en fait mis en avant pour masquer que le problème vient surtout de soi. Car toute vraie rencontre est une aventure identitaire, une mise en mouvement existentielle. Qui génère de l'inconfort mental quand le désir de l'autre n'entraîne pas dans son élan. La solution pour se rassurer est toujours la même : se crisper sur ses repères anciens et chercher des excuses pour clôturer ses frontières. L'individu s'enferme dans son petit moi et ne perçoit l'autre qu'à travers des filtres très critiques. La distance se creuse malgré la proximité, l'ambiance devient froide et triste. « Je me suis demandé ce que je faisais ici, face à cet inconnu. J'avais envie d'être ailleurs[17]. »

Alors, la gêne s'installe. Et plus elle s'installe, plus les silences s'alourdissent encore et augmentent le malaise. Le plus embarrassé des deux tente donc de remplir les vides, en parlant et parlant, de tout et de n'importe quoi. Rien ne lui semble pire que le silence ; il a tort. Car ce flot de paroles va donner matière à de nouvelles condamnations de la part de l'adversaire. Que ce soit sur le style : « Il m'a saoulée avec des "et tout", des "chelou" et des "tebé" à tout bout de champ[18]. » Ou sur le fond : « Il commence à me dire que ce matin il a lu dans les journaux qu'un président quelconque avait eu des propos antisémites. Et après, il part à m'expliquer le conflit Iran-Irak… malgré que je lui aie dit que je n'étais pas intéressée par les guerres et les conflits de ce genre une bonne douzaine de fois sur MSN, et encore trois fois au cours de son monologue historique. À ce moment-là, j'avais déjà le goût de ramasser mes affaires et de quitter la place[19]. » Et *Caro* de conclure : « Mon avant-dernière *date* avait été pénible parce que le gars avait pas de vie, pas de personnalité et pas de discussion... J'avais failli mourir d'ennui. Je ne pouvais pas imaginer que quelqu'un puisse le battre... C'est arrivé !!! Putain, j'pouvais pas y croire... »

Caro aurait pourtant pu tomber sur plus pénible encore : quand l'autre ne trouve pas mieux que raconter ses anciennes histoires, déroulant la litanie des ex. *Gentcelib* n'a toujours pas compris pourquoi. « Elle me narrait toutes les histoires de cœur qu'elle a eues par le passé, les plans rencontre sur Internet qu'elle a vécus, les histoires d'amour qu'elle a enchaînées. Ça m'a dégoûté ! Et pourtant, elle était plutôt pas mal physiquement. Au début du rencard, j'étais plutôt attiré par son physique mais à la fin de la *date* j'étais dégoûté et je ne la percevais plus comme au début. Malgré qu'elle soit belle physiquement, je ne voyais plus que quelqu'un d'étrange qui racontait sa vie intime à un inconnu. Vous savez, tel un clochard bourré qui vous raconte toute sa *life* en détail, assis à l'arrêt de bus[20]. » Il paya l'addition et s'enfuit. *Alexandre* n'eut à subir qu'un seul ex, mais la surprise et l'écœurement furent les mêmes : « Nous nous sommes donné rendez-vous sur le parking d'un grand centre commercial, puis nous avons marché jusqu'au bar restaurant pour prendre un verre. Dès les premiers instants, elle m'a parlé de son ex : "Ah ! j'allais faire mes courses ici avec mon ex." Puis, lorsque nous sommes rentrés dans le centre commercial, elle me disait : "Mon ex aime bien ce magasin de fringues." Puis : "On a déjà été dîné là avec mon ex." Arrivé au bar, la même musique continuait : "Mon ex ceci, mon ex cela..." À un moment je me suis dit : cela n'est pas possible, elle doit se foutre de moi ? Mais il y avait une certaine frénésie dans son comportement, une agitation délirante qui me laissa penser qu'elle ne le faisait pas exprès. Parler de ses ex un petit peu je veux bien, mais lorsque cela dépasse les limites ça devient vraiment insupportable[21]. » *Alexandre* en déduisit qu'il était tombé sur une folle.

Jugement péremptoire, bien sûr. Ignorant tout ce que le malaise engendré par la situation peut produire comme dérives. Ignorant aussi le penchant au jugement critique et à l'intolérance, souvent à l'origine de la gêne qui déclenche le flot de paroles maladroites. Il est trop facile de rejeter tous les torts sur l'adversaire. Une rencontre ratée se rate à deux, dès les premiers instants, quand le style des échanges (froid, distant) installe un début d'histoire qui risque fort de n'avoir pas de suite.

Rompre au plus vite

Lorsque tel est le cas, l'envie tenaille de s'enfuir. Mais les règles de la politesse l'interdisent. Face à l'autre, si proche, on se sent pris au piège. Plus le désir de fuite augmente, plus les pensées s'échappent loin de la situation présente, condamnant l'histoire avant même qu'elle ait commencé. Il faut rompre, rompre au plus vite. Mais comment ?

Le problème est encore plus délicat quand l'interlocuteur semble dans des dispositions plus favorables. Car rompre ne pose pas alors simplement des questions d'impolitesse. Le candidat amoureux qui fait face s'engage corps et âme, donnant le meilleur de lui-même : sourires charmeurs, yeux pétillants de désir. Celui qui a envie de fuir sent bien qu'il va lui infliger une blessure psychologique d'une violence inouïe. Outre le dépit amoureux, une atteinte gravissime à l'estime de soi. L'infortuné va se sentir rejeté. Tout ce qu'il y a de meilleur en lui, qu'il a donné avec tant d'amour. D'un coup, sans explications. Mieux vaudrait presque être victime d'un lapin.

Rosko a élaboré une technique quelque peu vulgaire, mais moins destructrice pour l'adversaire : « Cela va paraître un peu méchant et goujat pour ces dames mais j'ai trouvé une solution efficace pour gérer les plans foireux de rencontre sur Internet. C'est tout simple, si la nana en face ne me plaît pas, je fais le gros lourd et je sors des blagues à deux balles. » Il a même pensé à roter bruyamment après une bonne gorgée de bière. Évidemment, il faut oser. Pour le commun des mortels, la méthode, plus ordinaire, est bien résumée par cet extrait d'un guide des bonnes manières de la rencontre amoureuse, qui fleurissent actuellement sur le Net :

« 1. Rencontrez-vous autour d'un café ou d'un déjeuner si vous ne "sentez" pas votre rendez-vous. Plutôt un cadre informel comme un café qu'un repas en soirée qui dure plusieurs heures.

2. Prenez congé immédiatement si votre rendez-vous est grossier ou désagréable. Vous ne lui devez rien.

3. Si vous n'avez rien en commun, tenez-vous à ce qui était prévu puis mettez-y un terme dès qu'il sera suffisamment poli de le faire[22]. »

« Tenez-vous à ce qui était prévu » renvoie à la stricte neutralité du rituel. Prendre un verre, seulement prendre un verre. C'est ce qui avait été dit ouvertement, même si derrière ces mots de tout autres pensées s'agitaient. Puisque seuls ces mots avaient été prononcés malgré les pensées secrètes, il n'y a donc aucune impolitesse à respecter strictement le contrat. Prendre un verre. Rien n'avait été dit sur la suite : on peut donc tranquillement s'en aller.

J'ai déjà signalé que la banalisation, la neutralisation et le positionnement central du rite (seulement prendre un verre), permettaient d'opérer la transition entre la rencontre en ligne et cette nouvelle phase où deux identités différentes sont mises en présence. Nous constatons maintenant qu'ils apportent en plus une fonction protectrice pour l'individu qui veut rompre la mécanique infernale de l'engagement non souhaité. Prendre un verre n'a donc rien d'anodin. Ou plutôt, plus la banalité de la situation est manifeste, plus cela signifie qu'elle joue un rôle opératoire essentiel.

Prendre un verre

Prendre un verre pour sceller l'amitié est un rituel vieux comme le monde. Dans les temps anciens, c'est souvent ainsi (ou grâce au partage de nourriture) que nombre de tribus ont évité la guerre et noué des alliances. Dans chaque culture et à chaque époque les formes en furent très codifiées. Le verre de la rencontre amoureuse d'aujourd'hui prolonge cette longue tradition. Mais avec des significations totalement nouvelles et des codes qui, nécessairement, ont changé.

Sans faire l'encyclopédie du verre de la rencontre amoureuse, il me faut quand même distinguer deux catégories, situées à deux moments bien différents. Après le rendez-vous au café, il arrive que l'histoire se prolonge, sans toutefois que rien ne soit encore vraiment décidé. Quand l'un raccompagne l'autre à son domicile, « Tu montes boire un verre ? » est alors une phrase qui signale qu'il n'y aura plus de résistances : les voies du sexe sont ouvertes. La même banalité du rituel aide donc à cette nouvelle transition. Ici toutefois, c'est au contraire pour marquer une décision et non pour masquer l'indécision. Pourtant, dans les deux cas, c'est la fixation sur l'objet dérisoire (le verre) qui permet d'avancer, comme s'il permettait d'oublier tous les enjeux, les flottements, les angoisses. *Pinklady* raconte même le cas d'une rencontre avec un professionnel de la communication étrangement peu loquace (un communicant peu communicant mais craquant) qui parvint à l'entraîner en deux verres, avec une économie de mots et de temps remarquables. « Après un verre de champagne partagé dans un bar, il m'invite à boire un verre chez lui. En général, quand une femme accepte d'aller boire un dernier verre, elle sait ce qu'il va se passer, elle n'est pas niaise. Donc nuit torride mais fin de l'aventure dès le lendemain matin[23]. »

Frogita donne un contre-exemple assez rare. Un candidat à l'amour la harcelait sur MSN, lui demandant obstinément s'ils pourraient « se prendre un verre ». Elle lui répondit qu'alors ce serait vraiment, strictement, pour prendre un verre et rien de plus. La réponse ne se fit pas attendre : « "Ah, OK, pas grave, à la prochaine..." Moi, je dis, on se sent de suite valorisée après un tel échange ! » Le harceleur avait confondu premier et deuxième verre. Le premier, celui de la rencontre, est un objet transitionnel, qui aide à avancer par sa neutralité, aucune option n'étant prise sur l'avenir. Il permet justement, en détournant l'attention sur les détails du rituel, de se donner du temps pour décider si l'on va plonger ou non dans l'histoire et de quelle manière. Il faut banaliser la situation et se fixer sur cette banalité. Intuitivement, chacun ressent tellement cette nécessité que cela pousse parfois certains à opter pour un lieu lui-même très ordinaire, ou à commander des boissons qui ne le sont pas moins. *Anadema* se souvient du rendez-vous avec *Célie* : « Nous arpentons le boulevard à la recherche d'un endroit pour boire un verre. Elle me propose d'aller au Paradis du Fruit mais c'est bondé et ce ne serait vraiment pas agréable d'y faire connaissance. Je lui propose le bar juste à côté dont le degré de sordidité est dans la moyenne parisienne et dont l'absence manifeste de clients est un garant de tranquillité à défaut d'hygiène. » Hélas, la suite confirme et aggrave ces premières impressions négatives. « Le vieux patron du café, dont l'humeur maussade et l'allure grossière forcent l'admiration, nous apporte nos consommations. Mon café d'une part puis ce qui est censé être le cocktail de *Célie* et dont il pose le verre brutalement, en renversant une partie de son contenu sur la table. Un peu de vodka, du jus d'orange à base de concentré, le tout servi dans un verre ordinaire, que peut-on avoir de mieux pour dix euros de nos jours ?[24] » Heureusement la conversation s'est enclenchée et permet d'estomper les effets de ce contexte peu favorable. Plus tard, dans leurs conversations par SMS, le cocktail odieux deviendra même utile, en donnant matière à des plaisanteries rétrospectives.

Mais, sur le coup, la répugnance du lieu aurait pu avoir des conséquences ravageuses. C'est pour cela que *Maylis* préfère choisir un endroit plus enchanteur. Ne rêve-t-on pas que la rencontre soit un moment de plaisir partagé ? Pourquoi alors se contenter d'un café ordinaire (sans parler d'un lieu sordide !) ? Et c'est encore mieux, bien sûr, si l'endroit merveilleux a été trouvé par le soupirant, comme ce fut le cas avec *Caramel amer* : « Il me donne rendez-vous au "Tea 4 two" du côté de Bercy Village, endroit que je découvre avec plaisir ce jour-là. Ambiance confortable et cosy, petite musique électro en fond sonore et une grande variété de thés Mariage Frères. » *Maylis* est conquise au premier instant, et on peut penser que l'ambiance du lieu n'y est pas pour rien même si elle n'a d'yeux que pour *Caramel amer* : « Petit look simple et sympa, assorti d'une écharpe colorée qui va me faire craquer ! Il sait jouer de sa voix suave et sensuelle pour séduire une femme, sans être avare de sourires et clins d'œil coquins. Oui, je le reconnais, je l'avoue, j'ai un petit faible pour les séducteurs, d'où souvent les déceptions qui en découlent[25]. »

Et des déceptions il y en aura aussi avec *Caramel amer.* D'où la question : la meilleure option est-elle vraiment de préférer un lieu agréable ? Les attraits du cadre ne faussent-ils pas la décision ? Ceux qui défendent la thèse du café ordinaire n'ont peut-être pas tort.

Qui doit payer l'addition ?

Grâce à la banalité de la situation (dont ils ignorent, bien sûr, qu'elle résulte de toute une construction sociale), les deux tourtereaux potentiels tentent de nouer des complicités dans la conversation, tout en réfléchissant secrètement à la suite des événements. Mais, au moment de quitter le bar, un petit grain de sable peut légèrement bloquer la belle mécanique du « premier verre ». Étrangement en effet, le rituel, qui semblait codifié dans tous ses détails techniques, s'avère non défini sur un point : qui doit payer l'addition ? Pour un simple verre, la question a très rarement été posée au moment de la prise de rendez-vous (pour un restaurant, l'invitation en bonne et due forme est plus courante). La galanterie voudrait que ce soit l'homme qui paie. Après des décennies de féminisme cependant, ce geste ne pourrait-il être perçu comme une atteinte à l'autonomie des femmes, un relent inacceptable des sociétés patriarcales ? Les radins s'emparent de l'argument de l'égalité (alors que du côté des femmes il est avancé beaucoup plus mollement au moment de régler l'addition). Le principe d'égalité commanderait donc de partager. Il peine toutefois à s'imposer ici, sans compter qu'il existe deux règles possibles pour ce partage : chacun sa consommation ou le total divisé en deux. Dans un élan de générosité, et contrairement à ses habitudes (radin ou féministe ?), mais considérant qu'il était un peu responsable de l'odieux cocktail à 10 euros, *Anadema* opta pour la seconde possibilité bien que son café ait été moins cher. J'ignore si *Célie* n'aurait pas souhaité bien davantage.

Mais la contradiction entre galanterie et principe d'égalité aurait pu se résoudre s'il n'existait une autre raison, plus profonde : définir qui doit payer l'addition a aussi un lien avec les suites de l'histoire. Il n'est donc pas étrange que le rituel ne prescrive rien de précis puisque sa fonction est justement de proposer une neutralité qui assure les conditions d'une liberté de choix. D'ailleurs, nombreux sont les « dateurs » qui changent d'idée au moment de payer selon la façon dont se sont déroulés les échanges (on n'est pas dans la même disposition d'esprit si l'histoire doit s'arrêter là ou si l'on rêve qu'elle continue). Curieusement toutefois, on n'est pas prêt à payer plus quand on aime davantage ; c'est plutôt le contraire. Car un vieux stéréotype pèse encore très lourd dans les esprits.

Le problème est le suivant. Le rendez-vous peut très vite déboucher sur une nuit de sexe. Et les hommes restent plus demandeurs de ces chaudes conclusions immédiates. Dès lors, le vieux geste de galanterie ne peut pas ne pas laisser planer l'idée d'un troc argent contre sexe. Quelles qu'en soient les formes, la femme marchanderait ses charmes, elle vendrait son corps en laissant l'homme payer l'addition. Cet arrière-plan de la transaction est évidemment plus manifeste au restaurant qu'au café, et augmente même avec la qualité du restaurant. *Sandra* témoigne qu'il lui est « arrivé de céder à des hommes parce qu'ils avaient "mis le paquet" : grand resto, champagne, boîte. Je me sentais coincée, redevable[26] ». Inversement, quand « tu acceptes l'invitation en sachant que tu ne coucheras pas avec le type, tu te sens profiteuse, allumeuse même[27] ». *Steve* se sent gêné de payer, il trouve cela dégradant pour la femme. *Frank,* au contraire, ne peut s'empêcher de ressentir un petit frisson de jouissance dans ce geste, « car je peux dire à une femme que j'ai envie d'elle avec mon argent ». *Sophie*, militante féministe, n'est pas loin de souhaiter ce comportement, bien qu'elle soit travaillée par des contradictions : « Je propose systématiquement de payer en priant pour qu'il refuse. S'il me laisse payer, ça n'empêche pas de devenir amants, mais ça me refroidit. Je me mets sur la défensive, je me demande ce qu'il attend de moi. Quand un homme m'invite, il me permet de déposer les armes, d'être passive, femelle. Je suis sûre qu'il me désire[28]. »

Une certaine confusion règne donc entre délicieuse galanterie et goujaterie machiste, le même geste pouvant être interprété différemment. Le seul repère pour les femmes est leur désir. Si elles rêvent de s'abandonner à l'homme qui leur fait face, le fait qu'il paie l'addition n'aura alors pour elles rien de choquant. Au contraire, ce sera la marque d'une attention courtoise, une invite, déjà une caresse. Mais à mesure que le désir se fait plus hésitant, le spectre du vieux stéréotype (sexe contre argent) refait surface et empêche de jouir tranquillement de la galanterie. *Anne* considère même qu'il faut pour une femme « toujours payer » (en fait payer la moitié de l'addition) quand l'homme « veut aller plus loin alors que toi tu ne veux pas[29] ».

Comment s'y retrouver dans toutes ces interprétations multiples, contradictoires et changeantes ? C'est tout simplement impossible, et l'on a bien d'autres choses à penser. L'addition se révèle donc être un problème beaucoup plus épineux qu'il n'en a l'air et explique d'ailleurs en partie pourquoi le café est supérieur au restaurant comme terrain de rencontre, affichant une neutralité plus prononcée. Le faible niveau financier diminue en effet d'autant la pression du questionnement. On ne va pas faire toute une histoire pour quelques euros, surtout s'il s'agit d'une consommation banale. Hélas pour le romantisme, l'addition prouve à nouveau que ceux qui défendent la thèse du café ordinaire ont peut-être raison.

Définir la bonne manière

La question de l'addition ne peut donc être réglée d'avance par le nouveau code des rencontres. Elle recouvre trop de complexité, et surtout la réponse donnée dépend de la situation et peut engager l'avenir. Mais ce constat est difficile à comprendre. Car nous sommes là dans le domaine des petits gestes concrets qui d'habitude permettent justement au rituel de se constituer et d'asseoir sa neutralité. Cette indéfinition de ce qui devait être réglé trouble donc et dérange. Les énergies se mobilisent pour tenter de résoudre le problème, sans grand résultat, d'autant que le café et le restaurant, renvoyant à des contextes assez différents, sont, dans les réflexions, souvent mélangés.

Jour après jour, le code des rencontres est précisé et remanié par les internautes. Notamment sur certains sites spécialisés qui, à la manière des anciens guides de bonnes manières, assènent leurs vérités à une population demandeuse de repères, et déroulent des listes de comportements prescrits. Dès 1999, alors qu'Internet n'en était encore qu'à l'amorce d'un usage courant, pas moins de 2500 sites étaient dédiés à la rencontre amoureuse online[30]. Depuis, leur nombre a explosé. Ellen Fein et Sherrie Schneider, « dating coaches », qui furent au tout début du mouvement, ont par exemple multiplié les livres à succès, répétant et précisant, année après année, les « règles » de la bonne rencontre. Mais comme l'indique le sous-titre de leur premier livre (*Capturing the Heart of M. Right in Cyberspace*), un code aussi détaillé ne peut se rapporter qu'à une optique particulière de la rencontre.

En l'occurrence, la recherche d'un engagement sérieux de type traditionnel : on n'est pas là pour rigoler. D'où l'orientation de nombreuses consignes. Comme la règle 5 : « Attendez 24 heures pour répondre à une demande de rendez-vous. » Ou la règle 21 : « Jamais de rendez-vous avec un homme marié. »

De tels guides ne répondent qu'aux attentes des plus perdus dans la jungle des nouvelles rencontres. Les autres ne peuvent accepter des règles aussi contraignantes, reflétant la philosophie personnelle des auteurs du guide. *Scout* s'insurge contre les directives, à son avis intolérables, d'Ellen Fein et Sherrie Schneider : « J'aime les femmes qui n'attendent pas 24 heures pour répondre à un e-mail. J'aime les femmes qui prennent des initiatives[31]. » Car la rigidité impérative des consignes, digne du XIXe siècle, convient mal à la démocratisation personnelle qui marque de plus en plus notre époque ; chacun cherche à bricoler sa vie à sa manière, selon ses idées, ses valeurs, ses envies. Plutôt que dans des guides de bonnes manières ou des sites institutionnels, le code de la rencontre est donc réinventé, de façon beaucoup plus massive et créatrice, dans une infinité de forums et de commentaires de blogs, où soudain la conversation s'emballe pour définir collectivement une vérité.

Sur de nombreux thèmes les idées avancent et permettent peu à peu d'élaborer des repères pour l'action. Même quand le débat est contradictoire, comme nous le verrons à propos du baiser ou de la question de savoir à quel moment de la relation on peut passer au sexe. Pour l'addition cependant, les discussions sont plus confuses et ne parviennent pas à se dépêtrer des multiples interprétations en jeu. D'où, par exemple, le constat d'*Alexheart* : « À force de voir à droite et à gauche des divergences dans certains articles ou forum, je ne sais pas si au premier rendez-vous on doit payer le verre[32]. » Voici, pour illustrer cette complexité, un échange à l'état brut, que je préfère proposer dans son intégralité et sans explications (il y aurait trop à dire à chaque phrase!), en respectant le style, les abréviations... et les fautes d'orthographe. *Brunette* avait évoqué la question de l'addition sur son blog. Les commentaires s'enchaînèrent rapidement. À travers le mélange d'arguments les plus divers, une ligne semble se dégager et faire consensus. Mais elle est en fait trompeuse, car elle renvoie ni plus ni moins au jeu de rôle traditionnel entre hommes et femmes, aujourd'hui officiellement rejeté, à l'époque où les femmes affirment leur autonomie financière. La question de l'addition révélerait-elle que nous sommes beaucoup plus loin de l'égalité que nous ne l'imaginons?

Par *brunette* – 14. mars 2009 – 16:52.
bonjour les filles
à chaque fois que j'ai un rendez-vous, je me pose la question de qui va payer? j'ai souvent rencontrer des hommes qui ont payé le 1er verre, ce qui ne m'a jusque là posé aucun problème. Mais la semaine dernière, j'ai senti que je devais payer ma part. C'est normal quelque part mais en même temps j'ai été génée et ai trouvé le bonhomme un peu radin et du coup je n'ai plus eu envie de le revoir. c'est stupide je le sais, ils ne peuvent pas payer à tous les coups, mais on s'y habitue et au final c'est une sorte de galanterie, une manière de montrer qu'on leur plait. Qu'en pensez-vous?

Par *Brewenn* – 16. mars 2009 – 9:54.
Bonjour,
En général les hommes dès qu'ils travaillent doivent par galanterie payer la note pour un restaurant, l'addition pour un verre. Mais eu égard à la crise je pense que de temps en temps nous devons proposer de payer notre part au restaurant. Par contre un verre jamais. Bonne chance!!

Par *ganesha* – 16. mars 2009 – 19:24.
hello,
en général la rencontre se fait autour d'un verre... ou d'un café, je pense qu'un homme qui fait cette démarche est aussi capable d'offrir un verre, ou un café, pour le restau, c'est à toi de sentir les choses,

mais en général au 1er dîner j'ai tjs proposé de partager, et là je n'ai jamais sorti mon porte-monnaie.

Bonne continuation à toi

Par *louvette86* – 17. mars 2009 – 8:19.

Bonjour, pour un premier rdv en général c est l'homme qui paie la 1ère addittion. si c'est un café il peut nous l'offrir et si c'est un restaurant j'évite de prendre des plats trop cher comme ça il voit que tu ne profite pas et sort comme même mon porte-monnaie et généralement c'est lui qui paie. par contre s'il vient d assez loin pour qu'on se rencontre la c'est moi qui paie ce qui est normal. mais pour les cas contraire pour un simple verre c'est a lui de payer et s'il n'est pas capable de le faire que m'offrira t il plutard ? rien, donc je laisse tomber

Par *acorpsacoeur* – 17. mars 2009 – 18:49.

Je ne paie jamais... nous les femmes nous avons des frais de représentation élevés : coiffeur, maquillage, fringues, colifichets... ces messieurs non... s'ils désirent sortir avec une femme jolie et élégante ça se mérite !!! et puis si la rencontre a été bien préparée c'est à dire entre le premier contact et la sortie pour moi un laps de temps d'un mois et demi... ça veut dire aussi qu'ils ne courent après tout ce qui bouge sur un site... ceux qui se plaignent ce sont les radins et les coureurs. les autres non. et un homme peut toujours inviter avec les moyens qu'il a... les femmes ne demandent pas des quatre étoiles... lol

Par *jeyline0* – 22. mars 2009 – 12:17.

effectivement j'ai lu les commentaires et cela dépend si la personne te plait vraiment et que tu veux continuer dans la relation tu le laisses payer, par contre s'il est lourd qu'il ne parle que de lui de ses ex et qu'il ne fait pas du tout attention à toi pendant toute la soirée sauf à la fin du repas pour avoir une rétribution à son invitation, là attention il vaut mieux payer son repas car après tu ne le reverras pas...

Par *acorpsacoeur* – 22. mars 2009 – 18:39.

Je ne suis pas d'accord avec toi Jeyline... avec un lourdaud il faut le laisser payer surtout s'il a en vue que tu sois le dessert... mais il faut rester aimable jusqu'au bout ! il n'est pas utile de revoir le monsieur ! Il n'est pas utile de payer pour avoir supporté un imbécile qui parle de son ex... ça m'est arrivé! j'ai savouré mon dessert et mon café je pensais à autre chose... je rentre chez moi et en général j'éclate de rires; ce sont les meilleurs les lourdauds! avec eux tu ne risques pas de t'emballer...[33]

Séductor22 n'a pas tous ces problèmes. Il a trouvé une astuce. Internet est une caverne d'Ali Baba pour les petits malins de la rencontre. En quatre ans, *Séductor22* a réussi à en conclure soixante-dix. Avec cette particularité : toutes dans le même café, tenu par un ami. « Mais c'est pas possible tu as encore ramené une nana ici! Mais d'où tu les sors les nanas? » Mi-admiratif, mi-intéressé, le patron du bar a fini par lui proposer un deal : une consommation gratuite sur les deux pour chaque « nana ramenée ». Ce qui permet à *Séductor22* de faire le galant en offrant de payer l'addition, alors qu'il ne paie en réalité que son propre verre.

Chapitre 3
Comment embrasser ?

Un nouveau code courtois

Chanté par les troubadours et les poètes, l'amour courtois a profondément révolutionné le sentiment au XIIe siècle, et son influence sur l'évolution des mœurs a été considérable pendant des siècles[1]. Il se caractérise par deux aspects marquants. Une codification extraordinairement précise des règles du jeu. Et une progression régulière et contrôlée de l'avancée amoureuse, scandée par des étapes bien ritualisées. Or, de façon assez étonnante dans notre société du fun et de la créativité, le rituel du premier verre n'a rien à envier à l'amour courtois sur ces deux points. Les convenances et protocoles sont propagés dans le détail sur la Toile et, lorsqu'il y a débat, c'est sur le rythme de la progressivité, non sur son principe, reconnu par tous ou presque.

On se souvient que dans les échanges online qui avaient précédé la rencontre, les deux tourtereaux ne s'étaient nullement préoccupés du respect de telles étapes. Tout au contraire, la distance protectrice du clavier permettait les audaces les plus soudaines, parfois directes et crues. Mais la rencontre en face à face remet les compteurs à zéro. Oublié cet étrange passé pourtant si proche, la personne qui est là est une autre, avec qui il faut quasiment tout recommencer. Par sa précision, ses conventions, sa neutralité rassurante, le rituel aide à cette transition.

Ou plutôt par le sentiment de précision et de neutralité qu'il donne. Car, en réalité, il est plus incertain qu'il n'en a l'air, nous l'avons déjà vu avec l'addition. Comment dire bonjour par exemple ? Il ne devrait pas y avoir le moindre problème, surtout en France où l'habitude de faire la bise à tout le monde ou presque est devenue très tendance. Mais, paradoxalement, la bise d'entrée de jeu crée ici un léger malaise. Comme si elle pouvait être considérée comme un geste d'affection davantage que de simple politesse, et représenter ainsi une première étape un peu trop rapide. La baiser sur la joue est donc strictement contrôlé et réglementaire, sans effusions particulières. Il arrive même que le bonjour s'officie sans contacts corporels, voire que les deux protagonistes se saluent par une poignée de mains ! Quand on sait la chaleur des échanges qui ont précédé et qui souvent vont suivre, une telle reprise de distance peut surprendre qui n'a pas compris la fonction du rituel.

Le mécanisme s'observe mieux dans d'autres aires culturelles, où le baiser sur la joue est moins fréquent comme mode de salutation, comme en Amérique du Nord. *Caro*, Québécoise, est encore sous le choc de l'audace de son prétendant : « On se rejoint pour souper dans un p'tit resto que j'adore. Quand il arrive, je ferme mon livre. On se présente, on se serre la main. Et il se penche pour avoir des becs sur les joues... Oohh ! Tellement inapproprié au début de la première rencontre... J'peux pas le laisser penché... Après une hésitation, je lui fais la bise rapidement... J'fais même rarement ça aux gens que je connais depuis longtemps et que j'aime !!![2] » *Alexine* pense néanmoins que la bise peut être acceptable pour un premier rendez-vous en Amérique du Nord, mais de façon très réservée et sans le moindre débordement : « Il faut éviter de sucer les boucles d'oreille ![3] »

Tous pensent qu'un code existe plus ou moins, mais chacun en a une interprétation personnelle. Il va donc falloir se régler rapidement, en étant attentif aux désirs de l'autre.

Embrasser au premier rendez-vous?

La grande question, toutefois, n'est pas la modeste bise de salutation. C'est celle du vrai baiser amoureux. Quand peut-on, quand doit-on embrasser la personne qui est là? Au premier rendez-vous? Au deuxième? Plus tard encore? L'idée qu'il existe un code de la bonne rencontre anime les débats sur les forums et les commentaires de blogs. Focalisant l'attention au point que toute une série d'autres gestes de séduction et de tendresse soient relégués à la portion congrue du web[4]. Excepté évidemment l'autre question –« Quand doit-on coucher? » – qui enflamme encore plus les débats. Mais ne brûlons pas les étapes.

Pour qui surfe sur le Net, celui-ci apparaît comme un océan d'informations et d'opinions, certes différentes, mais plus ou moins égales et combinables entre elles. On pourrait, pense-t-on, construire un savoir en les additionnant comme des briques; on pourrait se forger une opinion par simple accumulation. Or, rien n'est plus faux. Tout savoir résulte d'une architecture qui relie de façon particulière les données; toute opinion requiert une mise en forme qui hiérarchise et sélectionne. Le voyageur du Net un peu plus attentif remarque ces structurations spécifiques. Chaque forum s'anime dans un contexte qui lui est propre, et est visité par tel ou tel type de population, utilisant parfois un langage particulier (le visiteur occasionnel peut n'y rien comprendre). Les avis propagés ici sont différents ailleurs. Il en va de même pour le sujet qui nous intéresse. Le moment juste pour embrasser varie d'un site à l'autre. Il est pourtant frappant de constater que la même question (« Quand doit-on embrasser? ») est posée à travers la planète (y compris, de façon un peu subversive, dans des cultures marquées par la tradition). Avec partout l'impression qu'il existe une réponse évidente.

Nous ne ferons pas le tour du monde. Juste une ou deux escapades. Dans l'univers musulman, par exemple. Qui est lui-même extraordinairement diversifié. Sur le « portail des jeunes Tunisiens », *Mac125*, une des propositions les plus sobres est énoncée par *Beautifulcity* : « Moi je dis pourquoi pas ? c'est juste un baiser après tout » ; alors que d'autres s'engagent dans des perspectives plus osées ou provocantes. Mais sur le portail marocain *Yabiladi*, bien qu'il propose lui aussi un site de rencontres en ligne et qu'il soit ouvert sur de nombreux sujets, la tonalité est différente. Car, parallèlement au modérateur, des censeurs plus ou moins autoproclamés maîtres en religion interviennent dans les débats pour refroidir les élans, en rappelant tout ce qui est « haram » (interdit). Sur le sujet qui nous intéresse, ils ont d'ailleurs du mal à comprendre la question (« Peut-on embrasser au premier rendez-vous ? ») tant elle leur paraît incongrue. Malgré cela, des internautes la posent à nouveau, proférant leurs naïves audaces et plaidant, au nom des désirs simples exprimés dans des limites convenables, de la sincérité émotionnelle de l'instant. Et de la liberté personnelle. Mais la liberté personnelle est-elle compatible avec les commandements de la religion ? *Noujoum* est catégorique : « C'est haram et c'est tout ! » *Lamyaâ* n'est pas du tout de cet avis : « Hum ! Haram ! Non, sérieux, c'est ta vie donc tu fais ce que tu veux. » *Abdel062* lui répond, très énervé, que cette phrase elle-même est haram ; on ne fait pas ce qu'on veut de sa vie puisque c'est Allah qui décide. *Soussia*, qui avait posé la question originelle, recentre le débat sur le baiser à la première rencontre. « Je sais que c'est haram, vous m'apprenez rien. Je voulais savoir si ça vous est déjà arrivé ? Car me concernant je l'ai fait plusieurs fois. » Encouragé par cette insistance, *Souado* se lâche : « Écoute, il vaut mieux le faire au premier rendez-vous, comme ça au moins tu sais s'il est bon ou pas, sinon tu passes au suivant. Tu sais, il faut pas perdre son temps. »

Stupeur et incompréhension chez les gardiens de la foi! *Marki-59* admoneste : « Quelle question! C'est haram! C'est pathétique, ici il y en a qui le savent que c'est haram, mais qui continuent à le faire. Mais où va-t-on ??? !!!! Allah O Akbar !! » *Marimar26*, plus conciliateur, cherche la synthèse des contraires, mais ne débouche que sur la confusion : « Tu n'as pas besoin des avis des autres franchement !!! Tu fais ce que bon te semble !! Et c'est pas les gens qui vont te juger mais c'est Dieu !! Donc tu dois d'abord te poser des questions à toi-même et te demander : est-ce que c'est bien ce que je fais ou pas ?? Si la question que tu poses te concerne bien sûr !! » Au final, c'est *Jasmine-love* qui va refroidir les élans par son témoignage, paradoxalement beaucoup plus que les censeurs, peu écoutés. Elle avait été prendre un verre après un contact online. « On a parlé de tout et de rien… et j'ai été charmée par sa gentillesse, son intelligence… J'avoue qu'on s'était embrassés… et longtemps. » Hélas, le lendemain elle reçoit un SMS, « me disant que c'est fini, qu'il fallait tout arrêter… Les motivations d'un tel acte ?? Allah ouahlem, j'ai jamais eu d'explications. Je n'en veux plus. » Un baiser la première fois, quand le sentiment nous emporte, pourrait être imaginable et tolérable, mais ne faut-il pas se méfier de ces corps trop libres qui ne cherchent que le plaisir ? Après avoir fauté, *Jasmine-love* préfère donc en revenir à des principes plus stricts, additionnant religieux et profane : « Règle 1 : c'est effectivement haram (c'est la religion qui le dit, pas moi). Règle 2 : c'est précipité. »

Chacun son rythme

S'embrasser au premier rendez-vous ne paraît pas précipité seulement dans les milieux guidés par une morale religieuse traditionnelle. De façon plus étonnante, on retrouve aussi – d'une autre manière – cette idée chez les très jeunes (surtout les filles). Pour nombre d'entre eux, la rencontre est rêvée dans une perspective amoureuse bien distincte d'une logique de plaisir immédiat[5]. Un baiser doit être « donné avec le cœur » lit-on sur le site *Adosurf.* Il faut donc respecter les étapes qui conviennent au véritable amour. *Monde-haine-misère* résume l'opinion dominante : « Ça dépend de ce que l'on attend de la relation. Donc pour moi quand on veut vraiment que la relation dure : pas au premier rendez-vous[6]. » Avis qui a l'intérêt de laisser ouverte la possibilité d'une drague plus ludique. La suite des débats confirme le consensus : il faut séparer les rencontres en deux catégories : soit la drague, soit l'amour véritable. Et débouche sur ce paradoxe : le baiser indique que l'on n'est pas vraiment amoureux. Comme beaucoup de discussions sur le bon moment pour embrasser, l'impression initiale selon laquelle la question semblait relativement simple, presque technique, fait place à du flou et de la perplexité. La seule solution pour s'en sortir est d'opter pour une vision bien définie de la rencontre.

Dans l'immensité des avis et des sentiments divers qui s'entrecroisent sur la Toile, l'opinion dominante n'est pas celle des plus jeunes[7]. Elle déconnecte le premier rendez-vous de l'engagement sentimental et conduit donc à y autoriser le baiser. On ne s'en étonnera pas, elle est portée surtout par les hommes, qui trouvent là une façon de perpétuer une attitude ancienne d'adeptes du sexe pour le sexe. Il ne s'agit pas toutefois d'une opinion générale. Outre qu'il existe des hommes romantiques ou préoccupés d'un engagement sérieux, je donnerai l'intéressant contre-exemple d'*Anadema.* Il est une sorte de webCasanova des temps modernes, tenant le journal exhaustif de ses (nombreuses) rencontres avec un étonnant souci du détail. Il couche toujours assez vite. Pourtant il n'embrasse pas la première fois. Préférant la courtoisie des étapes bien maîtrisées, et les plaisirs d'une progression émotionnelle soutenue mais non précipitée. Dans un état d'esprit très proche, *Mistral* s'explique : « Dans mon approche du jeu, je préfère attendre pour *kiss closer* comme vous dites, et cultiver l'art du "sentir si elle est prête et se faire désirer encore un peu" que le "je tente à chaque première *date*". Je trouve cela moins animal[8]. » *Anadema* ou *Mistral* sont cependant des cas à part (pour le baiser au premier rendez-vous). La majorité des hommes qui surfent sur le web sont assez surpris de constater que ce nouvel outil des rencontres les autorise à exprimer des attitudes qu'ils auraient crues condamnées par l'époque (respectant officiellement le droit des femmes). Même les pamphlets les plus machistes trouvent aujourd'hui étonnamment bonne presse et rencontrent le succès populaire[9]. Alors, pourquoi se priverait-on d'un simple baiser dès que l'occasion se présente ? Il n'y a pas de temps à perdre pour le plaisir. La rencontre est une espèce de sport de compétition (*« game »*) où le premier objectif, très ordinaire, est de conclure un baiser (*« kiss closer »*) sans délai. L'étape suivante (*« fuck closer »*) devant d'ailleurs être tout aussi rapide. *Flynn* le dit clairement : « En tant que kamikaze professionnel je suis pour embrasser pendant la première *date*, car :

1) on montre que l'on n'a pas peur du refus (= téméraire)

2) évidemment la *date* s'est extrêmement bien passée (sinon ton *game* est mauvais heh !), donc pourquoi refuserait-elle ?

3) bah on en a envie merde !

4) qui a dit "une femme pardonne peut-être à celui qui brusque l'occasion, jamais à celui qui la loupe" (ou un truc dans le genre) ?[10] ».

Xplose confirme : « Personnellement je suis partisan de kiss closer le jour de la rencontre. Pourquoi :

– ça montre que l'on sait où on va. Franchement, le

top si vous voulez kiss closer ET préparer le fuck close, ce serait même de l'interrompre quand elle parle, ou l'attraper quand elle marche dans la rue, pour kiss closer à ce moment-là. Il faut lui communiquer que si vous avez une envie (l'embrasser), eh bien, vous l'embrassez, point. J'espère que je suis clair.

– ça ne l'engage à rien du tout... l'expérience m'a montré que mieux vaut kiss closer (ou fuck closer... grr) trop tôt que trop tard.

– ça montre que vous avez des couilles, vous n'aimez pas perdre de temps avec d'autres RDV, vous en avez vu passer des dizaines avant elle (c'est le message qu'il faut lui communiquer)[11]. »

Selon ce raisonnement, toute absence de baiser au premier rendez-vous constituerait donc un revers, sans que soient pris en compte ni les attraits de la rencontre, ni qu'il ait pu y avoir d'autres perspectives amoureuses chez la partenaire. *Flo* par exemple, très impressionné par les performances de ces kamikazes du kiss closer, est conduit à dresser un bilan négatif de sa soirée alors qu'elle n'avait rien eu de détestable : « Mon premier RDV ce soir. Tout ce passait bien, je l'ai bien fait rire, on était dans un café, avec chocolat viennois et moelleux au chocolat... Enfin l'ambiance était vraiment détendue... Ensuite on est sorti, on a marché un peu au hasard, on est allé dans un coin sombre, enfin discret, je l'ai prise dans mes bras et j'ai tenté. Juste tenté car elle m'a présenté sa joue... ÉCHEC ![12] »

Quelques femmes s'enhardissent sur ce site (*Spike Séduction*) plutôt dédié aux hommes, et n'hésitent pas à refroidir les ardeurs des compétiteurs. *Katrin* : « Je suis une fille plutôt étonnée par les conseils donnés quant à la façon de mener la conversation lors d'un premier RDV. Je trouve toutes ces remarques assez agressives et personnellement ça me ferait fuir ![13] » *Sandra* certifie : « Moi c'est pareil que

Katrin, c'est hyperagressif ! Moi je plaque l'affaire direct avec le type. La femme a envie d'être traitée comme une petite princesse[14]. » Mais une autre tonalité féminine s'exprime également. Et les kamikazes du kiss closer l'entendent très fort. Écoutez *Anja* par exemple : « Si un homme m'embrasse lors du premier RDV, je serai certainement plus contente que s'il ne tente rien... Un gars qui te fait la bise à la fin d'un premier rendez-vous, je dirais que c'est plutôt mauvais signe... Y a de quoi se poser des questions et douter d'un éventuel second rendez-vous. Je ne sais pas si ça va t'aider, mais moi j'ai embrassé mon chéri lors de notre premier rendez-vous. Je l'ai embrassé en partant et je dois bien avouer que j'ai regretté... j'aurais dû le faire plus tôt dans la soirée ![15] »

Techniques d'escalade

Mais si les femmes sont d'accord (au moins en partie), comment expliquer les échecs ? Les maîtres kamikazes pensent et expliquent que tout est affaire de doigté. Le baiser échoue parce qu'il n'a pas été précédé d'une technique d'approche adéquate. On ne tente pas le kiss closer d'un coup, sans que froideurs et distances aient été effacées ; il faut le préparer. Hélas, leurs conseils sont autant d'injonctions impressionnantes faisant perdre la confiance en soi des moins habiles. Écoutez ainsi la triste histoire du pauvre *Seeth*, qui ne cesse désormais d'être torturé par cette question lancinante : mais comment diable fait-on pour embrasser ? « Vous fréquentez une femme en vue d'avoir une relation amoureuse avec elle. Vous lui proposez un rendez-vous qu'elle accepte. Le rendez-vous se passe bien, il y a un bon feeling. Malheureusement vous n'avez pas l'audace ou n'arrivez pas à vous créer une occasion pour l'embrasser. Vous pensez que ce n'est que partie remise, qu'au prochain rendez-vous vous serez plus intimes et sauterez le pas plus facilement. Malheureusement il en est tout autrement, parce que depuis ce rendez-vous cette fille devient distante puis s'arrange afin de n'avoir jamais le temps de vous revoir ! Bilan : faut-il embrasser dès la première rencontre pour être sûr de ne pas rater son coup ?[16] » L'infortuné reçoit une réponse cinglante de *Garibaldibaldi* : « Ah, au fait, je ne sais pas si j'avais précisé mon avis : je pense que là, vu comment ton RDV s'est passé de manière catastrophique, elle doit déjà être en train de s'envoyer en l'air avec quelqu'un d'autre pour oublier ta pitoyable prestation[17]. » Qui ne possède pas la technique est un nul. Dont on se moque à l'occasion.

De nouveaux maîtres de la drague envahissent actuellement la Toile, sûrs de leur science, dont ils inventent le jargon, propageant leurs conseils de façon impérieuse. Avec l'idée que les solutions sont uniquement techniques. Le mouvement a débuté dès la fin des années 1990 aux États-Unis, sous l'impulsion notamment de Neil Strauss, le promoteur du fameux *Game*. Depuis, les livres se sont multipliés, régulièrement classés dans les meilleures ventes[18], et les sites rivalisent pour vanter l'efficacité, qui de la *Mystery method*, qui de la *Kino escalation*. Comme c'est souvent le cas, le jargon est repris en Europe non anglophone dans sa version originale. Le *player* adepte du *game* maîtrise donc la *kino escalation* qui lui permet, avec élégance et rapidité, d'atteindre le *kiss closer*. Ce choix linguistique n'est pas anodin. Les termes, insérés dans une langue différente, prennent en effet ainsi, en se détachant de leur contexte, une tonalité technique renforcée. Comme des fragments d'une science positive, précise, réglée. Il y a même davantage : les vérités substantialisées finissent par former des substantifs. À l'origine, kino est un adjectif, diminutif de *kinesthetic* (en français : kinesthésique, qui renvoie à l'intelligence du corps en mouvement). La kino escalation n'est rien d'autre que la progression de l'approche par l'art du toucher. Mais sur nombre de sites, les « kinos » prennent une vie propre et désignent les gestes du toucher eux-mêmes. Ils renvoient aux « contacts physiques destinés à établir une meilleure connexion entre deux personnes[19] ». Les kinos bien maîtrisés mènent au kiss closer.

D'innombrables sites, sortes de manuels modernes du séducteur du web, exposent aujourd'hui aux profanes les modalités techniques de l'approche par le toucher. Parfois tellement impressionnants et précis dans leurs consignes qu'ils peuvent devenir intimidants pour les novices. Parfois encourageant plus simplement à l'audace, comme ici : « Le kino est vraiment une des armes principales du player, pourtant ce n'est pas une méthode qui demande un minimum d'expérience. N'hésitez pas, touchez votre cible sans vous poser la question de la timidité. Touchez-lui la main, frottez son bras, ses cheveux, ses épaules[20]. »

Mais il y a aussi tous les forums, *chats* et blogs, où sévissent de petits-maîtres rabâchant les préceptes et les reformulant à leur manière. Exemple entre mille : écoutez ce que nous enseigne *KeepaRise.* « Première règle : FAIS DES KINOS mais pas des KINOS DE TAPETTE. Un kino exprime sa virilité, sa confiance en soi, son ALPHA attitude[21], il doit donc être ferme, franc et posé. Un homme n'est pas kino par nature contrairement à une femme. Quand il est KINO c'est dans un but de séduction, assumez ce fait. Il commence dès le début du jeu de la séduction en phase d'attraction. Si vous commencez les KINOS dès le départ, la fille ne sentira pas bizarre que subitement vous la touchez, elle sait que vous êtes KINO. Un kino ferme et viril dès le départ exprime un caractère ALPHA et une confiance en soi. N'ayez pas peur du rejet, c'est NORMAL, cela veut dire qu'une tension sexuelle existe.

Deuxième règle : faites des kinos fermes et virils ou

ne FAITES PAS DE KINO. Les KINOS sont progressifs. Commencez par exemple par la partie supérieure, les épaules. Personnellement je commence directement les kinos la main sur la hanche suivi d'un PUSH selon le principe du KINO ESCALATION.

Troisième règle : KINO ESCALATION. Le principe du KINO ESCALATION est d'augmenter progressivement l'INTIMITÉ des kinos en faisant du KINO PUSH AND PULL : un coup je la prends, un coup je la jette.

Si vous observez les femmes, notamment celles qui savent jouer avec les mecs, vous observerez qu'elles savent PARFAITEMENT faire le PUSH AND PULL KINO. En continuant cette KINO ESCALATION, vous arriverez naturellement à avoir la fille sur vos genoux, dans vos bras, vous êtes alors complètement en phase de RAPPORT. Vous pouvez kisscloser, alors, sans problème[22]. »

Face à une telle avalanche de consignes ésotériques ou comminatoires, tout naïf candidat à l'amour (comme *Flo* ou ce pauvre *Seeth*) peut prendre peur. Et pourtant on peut trouver encore pire sur la Toile. Je pense ainsi à *Ellimac zero,* qui, tel un professeur Nimbus du premier baiser, développe des théories fumeuses et des catégorisations kinotiques (A1, A2, A3… B1… C1… D1, etc.) à n'en plus finir. Je préfère éviter au lecteur ses ennuyeuses démonstrations. Heureusement, *Poilpil* tente de le ramener un peu à la réalité : « Pfffffffffffffff…, Elli, sérieux, c'est prise de tête quand même ton truc ! Tout est calculé, analysé, déchiffré, comptabilisé, classé, emballé et prêt à être expédié. Encore une fois je ne peux pas dire que tu aies tout faux, mais la sincérité elle est où ? La magie d'un instant d'amour, c'est où ?[23] » L'amour n'est évidemment pas une donnée qui entre en jeu pour le player. Seul compte le plaisir sexuel, et surtout le plaisir du *game* en soi.

Le feeling amoureux

Entraînés dans une véritable logique de compétition, les adeptes du *game* finissent par oublier qu'il s'agit d'un moment d'amour. Ils oublient même souvent que tout se joue à deux, y compris les performances de la kino escalation, qui ne peuvent jamais renvoyer à la seule technique personnelle. *Embrassezvousfolville* sature face à tous ces enseignements qui lui font penser à l'école : « S'il fallait apprendre à embrasser pour réussir le premier baiser et attraper la sirène du premier coup, faudrait suivre un cours de sciences naturelles poussé ! Parce qu'une femme, c'est quand même compliqué ![24] » Les femmes qui, nous le verrons plus loin, ne sont pas les dernières à enflammer la nouvelle donne de la rencontre, rappellent souvent cette évidence dans les discussions en ligne. Comme dit *Anja* : rien n'est possible si la fille n'est pas « open ». *Blusher* rapporte une scène observée dans un bar, qu'il juge « pathétique » pour le garçon, jouant vainement de son corps et s'affrontant à un mur féminin de raideur distante. « Deux jeunes gens buvaient un verre à une table voisine… Leur attitude et leurs sujets de conversation laissaient deviner qu'ils se connaissaient depuis fort peu longtemps. À un moment donné, le jeune homme, pourtant grand et athlétique, commença à se pencher de plus en plus au-dessus de la table, voûtant légèrement les épaules pour rapprocher ses mains de celles de la jeune fille. Dans ses yeux se lisait une admiration sans bornes mêlée de désir. De son côté, la jeune fille n'avait pas bougé d'un centimètre et se tenait parfaitement droite, le dos cambré sur sa chaise. Ses mains sagement croisées reposaient sur la table à côté de sa tasse de café. Il n'y avait pas besoin de les écouter pour connaître la suite de leur histoire ; leur gestuelle parlait pour eux. Lui, soumis, quémandait l'attention qu'elle se faisait un plaisir de lui refuser[25]. »

L'assaillant malheureux aurait dû comprendre qu'il était inutile de continuer de la même manière. Elle lui disait non. Non à sa technique d'approche ou à son rythme de progression. Voire non à lui-même : il ne lui plaisait pas, elle n'avait pas envie de poursuivre. Les conseillers les plus avisés mettent en garde contre l'autisme du séducteur, surtout s'il se sent trop sûr de sa technique. Il doit avant tout être à l'écoute de sa partenaire, car celle-ci envoie des signes (par le regard, les gestes, les mots), qui sont autant d'incitations à continuer. *Kamal* les appelle des kiss opening : ce sont eux qui ouvrent la voie au baiser, bien plus que l'agressivité de l'escalade. Il l'illustre : « Prenons un exemple. Je suis avec une fille, tout se passe parfaitement pour nous deux, le niveau de flirt est au top, l'intimité est bel et bien créée, JE DOIS L'EMBRASSER ! Je me rapproche de plus en plus d'elle, je commence à toucher ses cheveux, et les caresser... Si elle me laisse faire, tant mieux pour moi, je peux continuer mon petit chemin. Je lui dis que ses cheveux sont magnifiques et qu'ils sentent bon... Je continue de les toucher sensuellement, avec classe et élégance, tout en la regardant dans les yeux avec mon regard charmeur, le regard du séducteur ! Si elle répond positivement à mes avances, genre un petit merci timide tout mignon de sa part... bonjour le premier baiser[26]. »

Facile dira-t-on ! Facile quand les signes sont clairement lisibles et positifs. Mais terrible au contraire, comme pour *Flo* ou ce pauvre *Seeth*, quand ils disent non. Et surtout quand ils disent non en n'expliquant rien des motifs du refus. Sans compter que les conseillers de la Toile, à leur habitude, cultivent l'illusion de la simplicité technique : il suffirait d'apprendre le langage des signes amoureux pour le décoder aisément. Or, très souvent, les fameux signes sont d'autant plus énigmatiques que la courtisée elle-même ne sait pas trop sur quel pied danser. Elle attend, elle aussi, que l'expérience en cours lui envoie des signes. Des signes intérieurs, en forme de sensations, clairement positives ou négatives. Elle attend, excepté quand l'évidence s'affirme d'emblée, que le feeling opère et la délivre de ses hésitations.

Le feeling ! Voici l'autre leitmotiv du web concernant la rencontre amoureuse. À défaut d'un flash électriquement créateur d'évidence, le feeling est censé emporter doucement vers la vérité. Sauf que. Sauf que le feeling n'est pas exactement ce qu'on imagine, une sorte d'intuition mystérieuse qui désignerait à coup sûr la bonne direction. Car, s'il fait jouer les émotions, il résulte aussi de processus cognitifs très précis. Sofian Beldjerd[27] a très bien montré qu'il opère dans des contextes caractéristiques : quand les contenus mentaux sont trop confus et contradictoires pour être clarifiés par la pensée consciente se voulant rationnelle. Le feeling vise d'abord et avant tout à créer une cohérence interne, une évidence flottante et quelque peu abstraite (que seules peuvent engendrer les sensations et les émotions), évitant les dissonances les plus fortes. Bien ! dira-t-on, mais cela ne change rien au résultat : le feeling nous entraîne intuitivement vers ce qui fait sens pour nous à un moment donné. Seul cela compte, et c'est encore mieux s'il produit en plus de l'harmonie intérieure. N'oublions pas toutefois qu'il se forme sur la base d'une complexité voire d'un chaos cognitif. Or, les petits-maîtres de la Toile en donnent au contraire une vision substantialiste et positiviste : le feeling (comme la vue indique les couleurs ou le goût le sucré et l'amer) serait une perception naturelle des choses. Une sorte de don, certes inégalement partagé, mais qui dirait avec simplicité comment agir.

Hélas pour la commodité des rencontres, il n'en va pas ainsi. Résultant de contenus mentaux complexes et mouvants, rien n'est en fait plus instable que le feeling.

Notamment en amour. Dans un livre récent[28], j'ai montré comment les émotions amoureuses renvoyaient à deux logiques sentimentales concurrentes et contradictoires entre elles. Pour la première, seule compte l'expérience vécue qui, lorsqu'elle dégage une sensation de bien-être, incite à l'engagement. Alors que pour l'autre à l'inverse, dans la grande tradition romantique, c'est l'élan émotionnel en lui-même qui redéfinit la situation. Le feeling est radicalement différent dans l'une et l'autre logiques amoureuses, opposé dans ses procédures et dans ses conclusions. Or, ces amours opposés sont très souvent mélangés dans les premières rencontres. Le feeling n'a rien d'une science exacte.

Sans oublier, là encore, qu'il ne se vit pas à un mais à deux : il faut, au moins un peu, partager les mêmes envies. Tout feeling unilatéral est voué à l'échec. Malheureusement, à la première rencontre, les décalages de sensations entre les deux partenaires sont plus fréquents que les accords parfaits. Vous vous souvenez de *Caro*, choquée parce que son soupirant lui avait fait la bise ? Avec un autre, le jeu de rôles fut bien différent : « Le gars était super gentil. Et beau ! Grand, des beaux cheveux longs châtain clair, des yeux bleus à faire damner, une bonne paire d'épaules… Pour la *date*, on a été se promener, regarder un show d'acrobates, manger une crème à glace sur Grande-Allée. On s'est quitté à 11 h 45… J'ai pas été assez game pour lui voler un baiser sur la bouche… Alors ça a été un sur la joue[29]. » Hélas, l'on n'entendra plus parler du beau grand jeune homme. Pas assez de baisers pour *Caro*, trop pour *Nathalie* : « Nous déjeunons ensemble, et je me sens totalement ridicule à l'idée de partager ce repas avec un parfait étranger. Nos belles discussions, et nos rires via le Net semblaient envolés. Le repas terminé, il me demande de l'accompagner jusqu'à son boulot, ce que j'accepte. Sur la route, il s'arrête et m'embrasse. Je n'avais aucun sentiment amoureux, mais j'étais naïve et fragile à l'époque, et je me suis dit "pourquoi pas, après tout ?"[30] ». Elle le regrettera très vite (il va s'accrocher à elle de façon collante, allant jusqu'à la présenter le jour même à ses collègues de travail comme s'ils allaient se marier).

Le feeling pose enfin une dernière question : si la rencontre est affaire de flair, tous ces débats sur le moment juste du baiser devraient n'avoir aucun sens. *Anja* résume : « Y'a pas de bon ou de mauvais moment, fais-le dès que tu en as envie. De toute façon, si la fille est open, elle te le fera comprendre[31]. » Mais alors, pourquoi sont-ils si fréquents sur la Toile ? Parce que le rituel doit donner l'impression qu'il existe et qu'il est apte à fournir la solution de l'essentiel des problèmes. Les « dateurs » sont en fait animés par une double pensée, parfaitement contradictoire. D'un côté ils croient que le feeling réglera tout, de l'autre ils rêvent d'un code qui fixerait les comportements adaptés. La réalité des rencontres se formera d'ailleurs au croisement des deux références : mi-feeling, mi-règles de conduite propagées sur le Net. Mais rares sont ceux qui remarquent que ces deux références sont contradictoires.

L'amour est souvent ainsi, travaillé par des forces opposées[32], et les rencontres sont désormais condamnées à se vivre dans l'incertitude. Les rituels d'aujourd'hui[33] ne peuvent pas fonctionner de la même manière que dans la société traditionnelle, où ils réglaient les conduites de façon stable et collectivement contrôlée. Les individus sont devenus trop autonomes[34], et les émotions mènent la danse. Bien que le feeling soit maintenant un opérateur central, cela ne signifie pas que les discussions sur le moment juste du baiser soient inutiles. Car l'idée qu'il existe un code est essentielle (même s'il n'existe pas vraiment). Sans oublier que certaines parties du rituel sont beaucoup plus stabilisées. Je pense notamment à cet objet central : le verre. « Prendre un verre » débute comme un rituel d'autrefois, reliant à l'autre avec la simplicité d'une évidence, dans la matérialité rassurante des choses ordinaires. Puis, dès que les premiers mots et gestes sont échangés, le jeu des désirs croisés décide de la suite de l'histoire.

Les débats online imaginent définir des règles applicables par tous, alors que le feeling change continuellement la donne. Ces règles peu respectées n'en forment pas moins un cadre théorique, en évolution constante, qui reflète la mentalité de l'époque. Par exemple, sur le moment juste du premier baiser. Une référence qui est actuellement en train de changer très vite.

« Si t'embrasses bien, tu baises bien[35] *»*

Mais il n'y a pas que le moment juste qui intéresse ; il y a aussi la manière. Je ne parle pas ici des techniques du baiser. Là encore les sites prodiguent aux néophytes et aux malhabiles mille conseils extraordinairement précis, dignes d'un sport de haut niveau. Voyez ce mode d'emploi complet adressé aux adolescents : « Tu ne dois pas aborder ton premier baiser comme un exam ou une épreuve insurmontable. Le partenaire a sa part dans la réussite ou non d'un baiser. Avant tout, on continue à respirer par le nez... Après une approche en douceur des lèvres du partenaire et que vos lèvres se touchent, entrouvertes, ta langue va à la rencontre de la sienne. Pour un effet doux, sensuel et romantique, il suffit d'un contact d'apparence timide du bout de la langue comme pour demander l'autorisation de continuer... puis d'introduire lentement plus loin ta langue en gardant toujours le contact avec la sienne (sans contact des dents) pour effectuer le fameux mouvement de rotation toujours lentement dans un sens multiplié par x fois (ce que tu veux) puis dans l'autre x fois (selon ton envie). Si c'est toi qui as l'initiative et agis, la sienne peut rester plus ou moins fixe ou aller en sens inverse ou dans le même sens. Tout est possible !!! Tu peux aussi redoubler d'intensité en recherchant la profondeur ou l'accélération si tu veux donner l'impression que tu veux le/la manger… plutôt pour les étreintes plus “musclées” et passionnées. Entre les deux attitudes, tu as une variante extra-large de possibilités qui doivent refléter ton état amoureux : passion, excitation, etc. Pour ne pas avoir de crampes et reprendre ton souffle, tu alternes en te retirant de sa bouche pour effleurer de nouveau ses lèvres et reprendre ensuite le baiser profond. Il/elle prendra sûrement le relais pour effectuer la rotation ou le mouvement qui lui convient[36]. » Pourquoi, après tout, ne pas apprendre les techniques du baiser diront certains, alors que, à l'époque d'Internet, nous n'avons plus le moindre secret pour la cuisine japonaise ou l'art de vernir un parquet ? D'autres, comme *Poilpil* à propos de la kino escalation, se demanderont où est l'amour dans tout ça.

Je dirais pour ma part que, pour la millième fois, nous observons ici combien la dérive techniciste menace. Non que la manière soit sans importance, bien au contraire. Mais elle est toujours très personnelle, particulière dans l'instant, perçue de façon changeante par le partenaire. Une discussion intéressante s'est développée sous cet angle entre *La Rouquine* et *Nina*. Écoutons cette dernière : « Il y a quelques années, je discutais avec *La Rouquine* d'un garçon dont j'avais ausculté les amygdales avec ma langue. “Il embrasse bien ? Parce que s'il embrasse bien, il baise bien.” Je fronce les sourcils : c'est quoi cette théorie ? Mais en y réfléchissant bien, force est de constater que dans mon top amant se trouve aussi mon top embrasseur. Ah ben ça alors !

Qu'est-ce que bien embrasser ? Bonne question, tiens. Chacun ses goûts. Pour ma part, le mec qui va tatouiller ma trachée avec sa langue ou qui se croit obligé de me rouler une pelle durant dix minutes sans pause, c'est mal parti. J'aime les baisers mi-tendres mi-sauvages avec une langue ferme mais pas brutale. Le pire étant la langue molle qui me donne l'impression de rouler une pelle à Bob l'éponge. Depuis que j'ai remarqué ça, il est vrai que plus un mec sera "brutal" dans ses baisers (sans pour autant me péter les dents), plus la suite le sera aussi. Et inversement, le baiser Bob l'éponge annonce une brouette molle et ça, c'est pas bon du tout. »

Le baiser constituerait-il un test central, notamment dans l'hypothèse où l'on envisage avant tout les plaisirs immédiats du sexe ? *Nina* voudrait modérer un peu cette perspective susceptible de condamner un rendez-vous dès le début : « Pour autant, je n'arrête pas les frais au premier échange buccal insatisfaisant, on ne sait jamais. Après tout, il paraît qu'il existe toujours des exceptions à toute règle. Mais quand l'homme a une façon de m'embrasser qui ne me plaît pas, je soupire intérieurement, espérant que le reste sera plus intéressant. Et ce n'est jamais le cas. » Donc, la théorie semblerait vérifiée.

Mais *Nina* est intellectuellement perfectionniste et ce premier niveau de conclusions basiques ne saurait la satisfaire. Pourquoi le baiser et sa suite seraient-ils aussi directement liés ? Serait-ce le seul effet de considérations étroitement physiologiques ? Au point que le fonctionnement lingual pourrait renvoyer à celui d'un autre attribut masculin ? Ou bien les premières impressions n'installeraient-elles pas un filtre de perceptions subjectives très durables ? « Embrasse-t-on réellement comme on baise ? Le baiser est un préliminaire très important, c'est un peu la montée en température. Et si elle est ratée, je ne serai pas forcément dans les conditions idéales pour la suite du programme. Donc en gros, si je rate le démarrage, pourrais-je rattraper mon retard dans la course à la jouissance où je finirai forcément perdante ? La petite voix qui commence à râler dans ma tête, parce que “oh non, j'aime pas comme il embrasse”, va-t-elle arrêter de geindre pour apprécier à sa juste valeur la suite ? Ou quoi qu'il arrive, la suite sera-t-elle aussi mauvaise que le départ ? Qui de la poule ou de l'œuf, blablabla. »

Et surtout, prévient *Nina*, attention à ne pas noter les performances d'un point de vue strictement technique, à vocation universelle. Car les désirs sont multiples et infiniment divers. « À moins que ce ne soit qu'une question d'affinités, finalement. Je parlais y a pas très longtemps du fait d'être accro à la peau d'un autre et il reste évident que le mauvais coup de l'un est le meilleur amant de l'autre, selon nos désirs et attentes en matière de sexe. » Toutes ces réserves étant posées, elle reste cependant très impressionnée par la théorie de *La Rouquine*. « Ben oui, si vous êtes amateur des bonnes baises bien violentes et que vous tombez sur quelqu'un qui déteste ça et adopte plus volontiers la position de l'étoile de mer, ça va être long et pénible. » Emportée par son élan, elle pousse ses conclusions sans doute un peu trop loin : « Il paraît logique qu'on embrasse comme on baise, donc forcément, si la personne ne correspond pas à votre amant idéal, le reste va difficilement coïncider[37]. » Le reste, tout le reste ? L'amour, l'engagement à deux pour longtemps ? Le baiser, bien sûr, ne saurait constituer un test pour l'ensemble de l'avenir amoureux. Seulement – peut-être – pour le sexe immédiatement à venir. Mais ne ressent-on pas très différemment un baiser selon que l'on envisage une courte histoire érotique ou que l'on rêve d'un engagement pour la vie ? Je suis sûr que là-dessus aussi *Nina* aurait beaucoup de choses à dire.

Une part essentielle de l'engagement amoureux est aujourd'hui basée sur une expérimentation progressive. On teste. Au premier rendez-vous, on teste le candidat. Ou plus exactement, on se teste soi-même à travers ce que l'on vit à deux. Se sent-on bien avec lui ? A-t-on une vraie envie de continuer l'aventure ? Dans mon livre sur le *Premier Matin* après la nuit d'amour, donc un peu plus tard dans l'histoire de la rencontre, j'avais observé combien chacun se mettait à l'écoute de ses sensations à travers les épreuves les plus ordinaires de la vie quotidienne : sortir du lit, faire sa toilette, prendre son petit déjeuner. Ces diverses séquences révélaient des surprises, des gênes, des émerveillements minuscules, qui alimentaient un désir de fuite ou au contraire un sentiment de bien-être. Face à la trop grande complexité de la situation, qui interdit de faire un point d'une manière froidement rationnelle, le feeling devient un opérateur central de la décision. On « sent » s'il faut se séparer ou poursuivre. Ce qui est intuitivement testé est clair, c'est le quotidien partagé, donc la durabilité du couple et sa capacité à secréter du confort psychologique et de l'agrément.

Mais au premier rendez-vous, l'expérience est assez différente ou, pour le moins, mélangée. Elle est dominée par une quête de plaisir plus que de bien-être, des désirs physiques, des flashs impulsifs ou des répulsions immédiates, une soif d'aventure de l'instant. On n'est pas là pour évaluer la possibilité d'une vie à deux sur la longue durée ; l'éventualité la plus proche est celle d'une nuit de sexe. Le baiser se situe précisément ici dans nombre de rencontres d'aujourd'hui.

Il ne faudrait toutefois pas trop simplifier en ce sens. Au premier rendez-vous, l'ordinaire pèse déjà un certain poids et la quête de bien-être est aussi à l'œuvre. La moindre contrariété peut bouleverser la perception de l'expérience. Rappelez-vous le café glauque d'*Anadema* et de *Célie*, ou les bottes de *Saskia*, qui lui faisaient mal aux pieds. Avoir mal aux pieds pendant qu'on embrasse peut changer la sensation qu'on éprouve. Et parfois, bouleverser totalement la suite d'une histoire.

Chapitre 4
Une nouvelle danse

La révolution du dating system

Le baiser représente aujourd'hui une étape obligée dans la progression amoureuse (seul le moment juste est discuté), après quelques séductions préparatoires, et avant le corps à corps plus intégral que les plus désirants espèrent. Il n'en a pas toujours été ainsi. Il y a un siècle, alors que le sentiment amoureux commençait pourtant à remplacer les mariages arrangés[1], seule une minorité de fiancés s'embrassaient, surtout dans les milieux populaires. Pour la bonne société, ces choses-là n'étaient pas convenables. Et les rapports corporels commençaient directement par la pénétration, assimilée pour la femme à un « devoir conjugal », n'impliquant pas l'idée de plaisir. Le changement viendra beaucoup des femmes justement[2], et le baiser jouera un rôle qui est loin d'être accessoire dans ce changement. Imprégnées de culture romantique et romanesque, les femmes imposèrent les préliminaires amoureux. Jusqu'à vivre le baiser pour lui-même, en dehors de l'idée d'un engagement conjugal. Dans la première partie du XXe siècle, « La modernité sexuelle s'annonce par la croissance que tiennent les baisers avec des hommes qui ne seront ni le premier partenaire du coït, ni le futur conjoint[3]. » Alfred Kinsey note toutefois dans son célèbre rapport[4] que ce baiser reste encore timide et que, bien souvent, seules les lèvres s'effleurent en surface.

Un événement va accélérer le processus : le bouleversement du mode de rencontre. On imagine trop souvent que les rendez-vous amoureux ont toujours existé plus ou moins comme on les connaît aujourd'hui. En fait, pendant très longtemps, surtout dans les classes moyennes et bourgeoises, ils furent rares, marginaux, clandestins. Ou réservés à la fiction romanesque. Les fiançailles étaient très encadrées et contrôlées par les familles. Même si le partenaire, amour oblige, n'était plus imposé, il devait se plier à des rituels stricts, évitant tout dérapage. Plusieurs auteurs, parmi lesquels Beth Bailey, Paula Fass ou John Modell[5], ont étudié la véritable révolution que constitua l'apparition d'un nouveau mode de rencontre au début des années 1920 aux États-Unis, ce qu'ils appellent le « *dating system* ». Le mouvement se forma dans la jeunesse urbaine, en rupture contre la tradition, comme une révolte contre la génération précédente. Et constitua sans doute une des premières manifestations d'une culture autonome de la jeunesse. John Modell souligne qu'il fut, dès ses débuts, lié à de nouvelles formes de musique ; les tout récents dancings permettaient de changer les modalités de la rencontre. Beth Bailey n'hésite pas à dire que le dating system représente une clé de la rupture générationnelle qui allait changer le siècle.

Ce que flirter veut dire

Dans l'ère post-victorienne encore très prude, il se caractérise avant tout par l'affirmation d'un désir de « satisfaction individuelle[6] ». Contre l'emprise des institutions et des traditions. La jeunesse invente le libre flirt, par le rendez-vous qu'on se fixe, secrètement, à deux. Comme en dehors du monde adulte et de ses pesanteurs. Desserrant l'étreinte des rôles de genre imposés : le dating system « change la nature des relations entre les sexes[7] ». Pendant longtemps, l'autocontrôle, surtout chez les filles, interdira cependant d'aller trop loin dans les caresses, installant le baiser dans une position centrale. Durant un demi-siècle (avant que ne déferle la sexualité contemporaine), le baiser sera l'image même de l'amour, magnifiée par le cinéma hollywoodien.

Alors que dans ce même demi-siècle, l'âge au premier rapport sexuel ne baisse qu'assez lentement, celui du premier baiser diminue de trois ans[8] : une nouvelle parenthèse de la vie s'installe dans la jeunesse, animée par les jeux amoureux du flirt. Elle annonce en fait toute l'époque à venir, et ne concerne pas seulement la jeunesse. Car le dating system réorganise totalement les relations entre soi et les autres. Il faut plaire pour être sollicité, ce qui implique d'affirmer et d'afficher des qualités personnelles susceptibles d'être remarquées. Chacun tend donc à se mettre en scène et à devenir le petit publicitaire de lui-même, ce qui creuse un fossé entre les artistes de la séduction et les moins doués ou les moins audacieux. Le succès rencontré (qui peut se calculer en nombre de rendez-vous obtenus) n'a pas un objectif uniquement amoureux. Il permet aussi, et peut-être surtout, de renforcer l'estime de soi et d'intensifier sa sensation d'exister. Le modèle du dating dans la jeunesse s'est aujourd'hui généralisé à l'ensemble de la société.

Mais il ne suffit pas de plaire, il faut aussi donner un peu de soi, surtout pour les filles. Hugues Lagrange souligne comment, à travers baisers et caresses, « tous les morceaux du corps sont tarifés[9] ». Le garçon attend en effet une récompense palpable en contrepartie de sa demande de rendez-vous (un baiser ? un effleurement des seins ? des enlacements plus appuyés ?). La jeune fille négocie donc subtilement, partagée entre son désir immédiat, les nécessités de l'autocontrôle, et surtout la stratégie graduelle permettant d'obtenir d'autres rendez-vous. Telles sont les règles du jeu, quotidiennement commentées et précisées, de façon séparée entre garçons et entre filles, les expériences étant comparées, force détails (véridiques ou embellis) à l'appui.

Aujourd'hui, les règles du troc amoureux, outre qu'elles ne concernent plus seulement la jeunesse, ont beaucoup changé à la première rencontre. Les tarifications sont devenues flottantes. Car la situation a désormais des interprétations multiples. Après que le féminisme a dénoncé l'archaïsme machiste des rôles traditionnels, le clivage entre initiative masculine d'un côté et marchandage de leur corps par les femmes de l'autre, est devenu en théorie inacceptable. Elles revendiquent donc de parler sexe et d'affirmer leurs désirs comme le font les hommes (ce qu'elles réussissent d'ailleurs assez bien online). L'ancien troc est ainsi censé ne plus avoir de fondements, du moins dans sa modalité opposant hommes et femmes. Mais la rencontre en face à face réactive une part des vieux schémas. Nous l'avons vu par exemple dans la kino escalation, où l'homme déploie son adresse tactile, mais ne peut réussir sans les signes donnés par la femme. Chaque partie du corps correspond à une étape dans la progression. Il n'est toutefois plus possible de fixer des tarifs collectivement reconnus, comme dans les années 1950. Parce que la femme amoureuse se vend beaucoup plus cher que celle qui, comme les hommes, désire une nuit de sexe. Paradoxalement, un baiser accepté d'emblée peut signaler un engagement amoureux moindre; et constituer une invite en même temps qu'il limite l'horizon des attentes. Les comptes deviennent très compliqués.

Heureusement, le feeling donne l'impression qu'on peut s'en remettre aux sensations de l'instant, sans se poser trop de questions.

Voulez-vous danser ?

Le dating system s'est formé aux États-Unis d'une façon assez soudaine dans les années 1920, en synergie avec l'apparition d'un nouveau type de musique et l'invention des dancings. Cette période était précisément celle où en Europe, après les désastres de la Grande Guerre, une parenthèse de repli frileux renvoyait chacun à ses rôles traditionnels, en particulier les femmes[10]. Un tel décalage installa durablement l'influence culturelle des USA sur le monde, et donna l'impression qu'ils avaient toujours une longueur d'avance en matière d'évolution des modes de vie. En réalité, dans bien des domaines, les choses avaient commencé à changer aussi en Europe. En particulier concernant le mode de rencontre.

John Modell souligne que l'apparition du dating system fut étroitement liée aux musiques nouvelles et à « l'engouement pour la danse[11] ». Le changement du mode de rencontre en Europe fut également associé à la danse. Je vous invite à un petit détour dans cette histoire, qui commence dès le XIXe siècle, car elle peut beaucoup nous apprendre sur les arrière-plans du rituel d'aujourd'hui.

Je ne remonterai pas trop loin ni ne plongerai dans les détails, je ne réécrirai pas toute l'histoire de la danse, qui a déjà été largement racontée. Celle de la valse notamment[12]. Rémi Hess a très bien montré comment cette danse d'origine sulfureuse fut détournée, codifiée et institutionnalisée par la bonne société jusqu'à son apogée viennoise. Elle conservait malgré tout quelque chose de subversif : ce couple en face à face, physiquement uni, qui, le temps d'un tourbillon faisant perdre la tête, pouvait donner l'impression de se couper du monde environnant. Mais, contrastant avec cet envol, la rigueur inouïe du rituel imposant la discipline des corps et la surveillance aiguë du groupe empêchaient tout dérapage ; l'invitation à danser en particulier était faite sous le contrôle étroit de la famille. La vraie révolution de la rencontre ne viendra pas de la valse.

Elle se produira plutôt dans les marges populaires, à l'occasion de fêtes[13], où fusent les rires à deux. Même les pardons sont subvertis, et l'on ne compte plus les baisers volés à l'écart de la procession religieuse. Mais le plus gros des attentes est fixé sur le bal. Les cœurs s'enflamment à l'idée des rencontres possibles, le rêve de regards, de mots, de caresses discrètement échangés. Les familles et les communautés villageoises sentent le danger. Elles déploient une énergie considérable pour tenter de définir des règles strictes et les faire appliquer. Les curés notamment sont en première ligne, et les plus radicaux d'entre eux tentent tout bonnement de faire interdire les bals. En 1820, un pamphlétaire s'en prend aux censeurs, au nom des villageois « que l'on empêche de danser », en particulier les jeunes filles, car « les pénitentes aiment la danse[14] ». Hélas pour la société puritaine, il est trop tard, la poussée des désirs est trop forte, l'envie de la jeunesse d'exister par elle-même et dans l'instant se manifeste déjà. Bien avant que les musiques venues d'Amérique n'agitent encore plus les corps et n'accélèrent davantage le mouvement, la danse ouvrait la voie à un nouveau mode de rencontres.

Le grand changement tient à l'autonomie nouvelle des jeunes, desserrant l'étreinte des familles, pour choisir celui ou celle qu'ils désirent rencontrer, en créant pour ce faire des espaces spécifiques, à l'abri du regard de la société. Jusque-là au contraire, le contrôle était continuel. Sous l'autorité des parents, une véritable armada était mobilisée pour traquer les moindres baisers et caresses : le frère aîné, les oncles, parfois les voisins, le curé ou même l'instituteur. Voire le commissaire de police, comme celui-ci, dénonçant le laxisme des mœurs dans les milieux ouvriers : « La femme R. était, dans son enfance, ouvrière de la filature et faisait comme toutes les jeunes filles de ces sortes d'établissement en se livrant au plaisir de la danse dans les bals publics[15]. » Certes, dans la bonne société il y avait aussi des bals, mais l'usage voulait que la mère y accompagne sa fille, qui parfois n'avait le droit de danser qu'avec son frère.

À la fin du XIXe siècle, toute cette mobilisation de l'ancienne société devient inopérante, car les corps se libèrent et la vague du désir est trop forte[16]. À la Belle Époque, les lieux de rencontre se multiplient. Le bal n'est plus épisodique (à l'occasion d'une fête), mais se banalise, souvent organisé chaque semaine par un cafetier ou un aubergiste. Puis arrivent les nouvelles musiques et les dancings. Dès lors, plus rien ne pourra endiguer le flot des rencontres librement choisies.

Oubliées les valses et autres polkas bien réglées. Des Amériques, voici qu'arrivent les rythmes endiablés (les bigots y voient la main du diable) du fox-trot et du charleston, bientôt du ragtime et du boogie-woogie ; ou les mélodies plus lascives du tango et de la samba. Les corps se déchaînent ou s'enlacent[17]. Avec parfois des inconnus ou presque, hors la perspective d'un engagement amoureux. La grande époque du flirt commençait à s'ouvrir. Le dating system allait bientôt l'amplifier, et lui donner de surcroît une légitimité générationnelle. D'autant qu'outre-Atlantique il fut davantage impulsé par les classes moyennes, qui, comme toujours, officialisent, à défaut de les lancer, les mouvements de la mode.

Un dancing planétaire

Beaucoup de choses seraient à retenir de cette histoire. D'abord, bien sûr, la possibilité historiquement nouvelle offerte aux individus, par le dating system, de desserrer l'étreinte du groupe pour imposer leurs désirs de l'instant. Nous verrons, dans la deuxième partie, comment Internet approfondit et généralise aujourd'hui ce processus. Mais, pour le moment, je voudrais surtout parler du rituel en lui-même. Pas tant sous ses formes extérieures[18], qu'à propos des principes mêmes de la danse, ou plus exactement de l'invitation à danser.

Un apport du courant sociologique regroupé sous l'emblème de l'« École de Chicago » fut de démontrer l'importance que représente la « définition de la situation » pour tout individu sommé d'agir. Définition à la fois sociale et personnelle, se cristallisant dans une signification unique, sans laquelle la mécanique relationnelle se grippe ou provoque des confusions. Le mendiant tend la main pour obtenir de l'argent, pas pour dire bonjour ; le policier siffle la jeune fille parce qu'elle roule à vélo en sens interdit, pas pour la séduire. Or, une des particularités de la danse est d'être intrinsèquement construite sur un couple d'interprétations contraires. Un « langage à double entente » disent Michel Bozon et François Héran[19]. Quand on croit qu'elle est installée dans un des deux registres interprétatifs, elle a déjà glissé dans l'autre. C'est ce qui fait toute son ambiguïté et sa force. En cela elle annonce d'ailleurs l'incertitude contemporaine des rencontres, elles aussi fondées sur une dualité interprétative dissimulée derrière la régularité du rituel.

Quelles sont les règles du jeu ? Un jeune homme invite une jeune fille à danser. Elle peut refuser ou accepter. Quand elle accepte, la question se pose à nouveau à l'issue de la première danse. Si l'entente a été bonne et si les désirs s'en manifestent, l'expérience se prolonge avec une deuxième, une troisième danse. Voire des enlacements plus serrés, signes annonciateurs d'un flirt. Pourtant, au moment où le garçon avait invité la jeune fille, ces éventuels développements amoureux avaient été puissamment refoulés. L'invitation concernait officiellement la danse et rien de plus. Comme pour le verre d'aujourd'hui, la neutralisation, par tout ce que le rituel pouvait avoir d'ordinaire, masquait d'autres attentes plus osées.

L'intérêt relationnel d'un tel dispositif est double. En cas d'échec, lorsque, dans le langage d'aujourd'hui, le garçon « se prend un râteau » après la première danse, il peut alors se dégager de ce que la situation a de pénible « en se réfugiant derrière sa définition institutionnelle : ce n'était qu'une danse[20] ». Évitant ainsi le plus gros des dommages psychologiques et d'une atteinte à l'estime de soi. Le second avantage est encore plus grand. Il concerne la prise d'initiative, qui est infiniment facilitée. À l'inverse des fiançailles d'autrefois, qui présupposaient un engagement irrémédiable sous le regard des familles, l'invitation à danser se présente comme une sorte de jeu, officiellement presque sans enjeu. Juste une danse.

Aujourd'hui c'est « juste un verre », dans un contexte légèrement différent. Avec pas ou peu de musique, dans un face-à-face assis sans contacts physiques au début. Puis, au contraire, pouvant déboucher sur une escalade menant rapidement aux rapports sexuels, réduisant d'autant la séquence dédiée au flirt. Mais le principe de la dualité d'interprétation reste exactement le même.

Au début du XXe siècle, les nouvelles musiques venues d'Amérique, associées à l'innovation du dancing, avaient cristallisé la formation du dating system, par lequel les jeunes brisaient les disciplines institutionnelles pour inventer librement les rencontres amoureuses. Au début du XXIe siècle, une autre innovation technique (Internet), accélère le processus et le généralise. Les rencontres ne concernent plus seulement les jeunes mais tous les groupes d'âge, à travers toute la planète. La prise de rendez-vous est devenue d'une incroyable facilité et peut mener très vite à des jeux érotiques totalement indépendants de l'idée d'un engagement conjugal. Bien qu'il se présente comme étant « juste un verre », le premier verre entraîne aisément vers le second, qui signifie tout autre chose.

La société dans son ensemble est devenue comme un immense dancing, où chacun peut inviter chacune et chacune inviter chacun (chacun peut aussi inviter chacun et chacune inviter chacune). Un immense dancing fonctionnant sur le principe de la danse de naguère. Comme hier, le rituel, rassurant par son caractère bien huilé, donne l'impression que les règles du jeu sont claires. En réalité, les contenus que l'on peut mettre dans la rencontre sont mélangés et changeants. Aujourd'hui encore plus, depuis que le sexe s'y est introduit et peut même y régner hardiment. Le flou restait gentillet à la grande époque du flirt. Désormais (dès qu'il devient évident que ce ne sera pas « juste un verre »), entre amour et sexe, c'est l'embrouille.

DEUXIÈME PARTIE
Plaisir et sentiment

Chapitre 5
Coucher le premier soir ?

Attendre un peu

Coucher le premier soir ? Certains diront que j'exagère, qu'une telle question, la plupart du temps, ne se pose pas. Ellen Fein et Sherrie Schneider sont d'ailleurs très claires dans leur règle 17 de la bonne rencontre : « Pas de sexe au premier, deuxième ou au troisième rendez-vous[1]. » Bien que le délai séparant les premiers échanges et les rapports sexuels ne cesse historiquement de diminuer, nous sommes encore très loin de cette instantanéité érotique pour le commun des « dateurs[2] ». Un détour par un forum de discussion semble le confirmer. C'est *Jojo28* qui a lancé le thème du débat : « Préférez-vous une fille qui attend pour coucher ? » La question n'a rien d'abstrait pour elle, *Jojo28* a besoin d'une réponse rapide. Elle livre son témoignage : « Je sors avec quelqu'un depuis huit jours. On s'est vu deux fois depuis qu'on est ensemble. Une fois chez lui et une autre fois chez moi. Quand il est venu chez moi, on s'est beaucoup embrassé, il m'a aussi caressée sous le tee-shirt. Au final, alors que c'était pas prévu, il m'a dit qu'il avait envie de dormir avec moi. Il a été très tendre, bisous, caresses. Je n'ai pas envie de presser les choses, mais plutôt d'apprécier ces petits moments. Je veux apprendre à le connaître mieux avant, voir si pour lui c'est sérieux. Demain, je passe la soirée et nuit chez lui. Et vous, préférez-vous attendre avant de coucher quand vous avez envie de rester avec la personne ?[3] »

Plusieurs internautes comprennent l'urgence de la

demande. *Kantse* l'avertit : « Sache que, quand tu vas aller passer la nuit chez lui, il y a une forte probabilité que ça se termine par coucher avec lui. Courage. » *Dounette* tente de la dissuader : « À ta place, je n'irais pas dormir chez lui. » Elle a un avis très tranché sur la question. « Moi je préfère de loin attendre, même si c'est difficile parfois. On peut se retrouver coincé par le sexe. » Mais la plupart modèrent leurs propos, en disant qu'il s'agit juste d'attendre légèrement. *Pariss* : « J'attendrais pour m'assurer qu'il ne cherche pas juste à coucher avec moi. En tout cas, je te conseillerais d'attendre un peu parce que huit jours c'est pas grand-chose. » *Ani* (qui précise : « plus jeune, franchement, j'ai fait des conneries ») opterait plutôt pour un mois. Attendre un mois donc, semblerait le délai raisonnable. Irait-on vers un consensus ? Non, car *Wgalou* intervient pour dire toute l'horreur que lui procurent ces comptes d'apothicaire. L'amour n'a rien à voir avec des normes imposées, l'important c'est le feeling. « Je viens de lire les réponses, je suis scotchée… une relation intime, tu la vis comme tu la sens. Si tu le sens et que tu en as envie, tu y vas ! Il faut arrêter de se prendre la tête pour des choses aussi stupides, à se fixer des règles là où il ne devrait y avoir que des sentiments et du ressenti ! Et le feeling, et la spontanéité du moment ??? Toute la beauté de l'instant s'évade dans les questionnements, c'est d'un triste ! » *Kantse* confirme : « Fais comme tu le sens et assume après ! » Ne pas forcément attendre un mois donc, mais faire magiquement confiance au feeling ? La confrontation s'engage entre partisans du pur feeling et ceux qui préfèrent attendre « un peu », sans que rien de très clair se dégage. C'est alors qu'intervient *Liondusud*, chasseur sexuel un peu égaré dans ce forum, qui, par son cri rageur, ajoute encore à la confusion : « Quoi, huit jours sans coucher ??? Non mais j'hallucine ! Bande de tortues octogénaires ! Pourtant, lui, il était clair dès la deuxième rencontre, il est passé sous le tee-shirt. Donc logiquement lors de la troisième rencontre il doit passer sous le reste… »

« Si t'en as envie »

Les débats à propos du baiser concluaient sur la nécessité de séparer les rencontres en deux catégories : quand on est vraiment amoureux, il faut savoir attendre un peu. La conclusion est exactement la même pour le sexe. *Dounette* le résume parfaitement : « Si ça doit durer, je prends mon temps. » Tout dépend, en effet, de ce que l'on souhaite (du plaisir immédiat ou un engagement à long terme). *Liondusud* se place à l'évidence du côté du seul plaisir. Sa bravade provoqua des protestations, car la discussion entre *Jojo28*, *Dounette*, *Pariss* et les autres s'était placée d'emblée dans une perspective opposée. La question initiale de *Jojo28* l'indiquait d'ailleurs clairement (« Préférez-vous attendre avant de coucher quand vous avez envie de rester avec la personne ? »). *Samir*, par exemple, n'envisage même pas une autre alternative : « Huit jours ne suffisent pas pour savoir si tu as envie d'être avec quelqu'un… Tant que tu n'as pas vu son comportement et ses réactions sous toutes les coutures. Car il ne faut pas oublier que la finalité d'une relation n'est pas de coucher, mais de bien vivre tous les deux ensemble. »

Sur de nombreux autres forums, loin de la définition d'un temps d'attente obligatoire, c'est le feeling, et le feeling seul qui domine. Hélas, il est beaucoup plus confus qu'on ne le pense, et peut même entraîner dans des directions contraires. Donne-t-il l'impression que l'on a trouvé l'âme sœur en vue d'un engagement durable (« J'ai senti que c'était lui ») ? Ou éprouve-t-on plus prosaïquement du désir physique dans l'immédiateté du présent

(« J'en avais envie ») ? Nous avons vu que ces deux perspectives renvoient à des conclusions opposées concernant le délai d'attente. Quand on pense que cela pourrait devenir sérieux, que l'on est amoureux, on ne couche pas le premier soir. Or, le feeling ambitionne d'être au-delà de ces calculs, comme s'il émanait magiquement de l'amour lui-même. Plus pur, plus authentique. Plus moderne aussi, alors que le délai d'attente renvoie aux conventions de la société traditionnelle. C'est souvent de cette manière qu'il apparaît dans les débats (l'intervention de *Wgalou* en est un bon exemple). Très vite cependant, ces hauteurs spirituelles sont abandonnées, au nom du désir immédiat, de l'envie. « Si t'en as envie » devient la référence ultime.

Savoir si l'on peut ou non coucher le premier soir est un « faux débat » dit *Carole*. « Tout dépend de la relation, du feeling. Si les deux partenaires se sentent bien, pas de problème[4]. » Elle cherche ses mots pour dégager un horizon qui aille au-delà du désir, n'y parvenant que par le recours à des abstractions : la qualité de la relation, se sentir bien. Même procédé pour *Isabelle* (qui évoque l'intimité et la confiance) : « Je n'ai aucun problème pour coucher le premier soir ou le deuxième. Si une sorte d'intimité ou de confiance s'installe dès le premier soir, je vais pas me priver[5]. » Mais ces précautions de langage disparaissent vite dans les discussions, au profit du seul désir. En avoir envie, tout simplement. *Louna* : « Si t'en as envie et lui aussi pourquoi attendre ?[6] » *Alexine* : « Je l'ai fait, c'était bien[7]. » Qu'y a-t-il de mal à se faire du bien ? N'y aurait-il pas d'ailleurs une certaine grandeur sentimentale dans cet attachement de l'instant ? *Amstello* : « À peu près toutes mes copines ont couché avec moi dès le soir de nos rencontres. J'aime ce sentiment de "on n'a pas pu se quitter"[8]. »

Sur les forums, un fort contingent, surtout des femmes, reste attaché au principe « deux poids, deux mesures ». Si l'on pense avoir trouvé l'âme sœur, il faut attendre un peu.

Francy: «À 30 ans, je commence à distinguer les relations éventuellement sérieuses des plans cul. Quand je sens que le mec est sérieux, j'attends. Quand je sens que le mec est une queue sur pattes, je décide vite. Généralement je dis non, sauf si le mec est beau, ou si je suis en manque[9].» Le délai d'attente, autrefois imposé par la morale collective, est vu de plus en plus comme un choix intime, un signe que l'on envoie au partenaire : ne pas aller trop vite indique que l'on rêve d'un engagement durable.

Attendre un peu si c'est sérieux, moins désormais pour le regard des autres que pour soi-même, comme une preuve et une épreuve d'amour, dignes du code courtois. Mais le changement principal est dans le doute qui s'instaure progressivement à propos d'une catégorisation trop rigide : la grandeur de l'amour contre la trivialité du plaisir. Pourquoi le plaisir de l'instant ne pourrait-il pas avoir lui aussi sa grandeur?

Où est le mal?

Définir des délais d'attente obligatoires apparaît de plus en plus archaïque à notre époque où les mouvements émotionnels mènent la danse. Pourquoi le désir immédiat serait-il automatiquement médiocre ou condamnable? Il arrive même parfois qu'une simple satisfaction des pulsions basiques évolue vers des suites inattendues. «Un plan cul peut devenir une vraie histoire[10]» (*Pkoi*). Déjà ébranlés par l'invocation du feeling, de nombreux débatteurs préfèrent donc se porter sur un terrain ouvertement moral : qu'est-ce qui est bien, qu'est-ce qui est mal? Non pas du point de vue de règles collectives à respecter, mais plutôt de celui de la quête personnelle de bonheur. «Je ne suis pas pour le principe : "il ne faut pas coucher le premier soir". Je ne couche pas systématiquement le premier soir, tout dépend des envies, du contexte. De même j'ai déjà eu des belles histoires d'amour en couchant le premier soir, comme j'ai croisé beaucoup de connards. Mais il faut de tout pour faire un monde[11] » (*Hélène*). L'important est la tolérance pour le choix d'autrui. Tolérance qui permet à chacun de satisfaire ses envies du moment et de construire son bonheur à sa manière.

« On a peur de quoi ? Que l'on nous juge ? Faut faire comme les autres pour être bien ? On vit pour les autres ou pour nous-mêmes ? Notre vie sexuelle ça ne regarde que nous[12]. » Peut-on, doit-on coucher le premier soir ? *Poupepine* a la tête remplie d'interrogations obsédantes, sur la normalité de son existence, sur le sens du bien et du mal : « La question de coucher, c'est vrai que c'est quelque chose qui m'a beaucoup torturé l'esprit. Comme : est-ce que je suis normale ou vais-je dans la mauvaise direction ? Dans la décadence ? Je ne sais jamais comment me catégoriser, est-ce que c'est bien, est-ce que c'est contre-moral ? » Savoir s'il est bien de coucher le premier soir ne paraît pas d'emblée situer les controverses sur les plus hautes cimes philosophiques. Cette question recouvre pourtant une profondeur insoupçonnée. Il en va souvent ainsi de la définition de principes moraux, qui se cristallisent à l'occasion d'événements faussement dérisoires. Ici, ce n'est rien moins que la place du sexe dans toute l'architecture symbolique de notre société qui est en jeu, les modalités du lien entre plaisir du corps et engagement relationnel.

À mesure que les références morales se détachent du regard des autres et s'étalonnent à l'aune du seul bonheur personnel, ce qui est mal se réduit à quelques dérives, certes problématiques, mais limitées et identifiables. Des risques physiques, suite à une mauvaise rencontre. Des perturbations psychologiques (sensation de vide, saturation, écœurement) quand l'emballement du rythme des rendez-vous ne remplit plus l'existence, voire ne procure même plus le plaisir attendu. Des lassitudes, quand le rabâchage de propos convenus autour du verre finit par ennuyer ; ou quand le partenaire ne pense qu'à son plaisir égoïste[13] ; ou lorsqu'il n'a même pas l'élégance de la politesse au moment de la séparation. Des moments de solitude amère, des difficultés nouvelles quand on cherche ensuite à s'engager plus durablement.

Mais, comparés à ces maux (moins impressionnants que les terribles interdits d'autrefois), les nouveaux espaces du bien semblent infiniment plus vastes. Les amants s'étant dégagés du regard de la société, qu'y aurait-il de mal à ce qu'ils se fassent du bien ? La prise de rendez-vous online ouvre un moment particulier, comme hors du monde habituel, qui trop souvent juge et condamne. Dans le café, puis dans la chambre, seuls comptent le plaisir de l'un et le plaisir de l'autre, dans une sorte de parenthèse, loin des conventions établies. La seule morale qui règne alors est celle du bien-être et du plaisir partagés. Avant que chacun ne retourne à sa vie courante. Le romantisme, à sa grande époque, rêvait de telles ruptures existentielles, opérées par la force du sentiment qui arrache à l'ordinaire[14]. Ici au contraire, elle se réalise de façon simple et palpable, presque banale. Sans les chagrins et les déchirements des élans sentimentaux. Sans les dangers des voyages sans retour. Juste pour un tourbillon passager, un peu ailleurs. Comme une danse.

« T'es une salope »

Oui mais. Hommes et femmes ne sont pas égaux en la matière, pas du tout égaux. Et ces parenthèses enchantées (du moins telles qu'elles se présentent) resteront difficiles à atteindre tant que l'inégalité se maintiendra. Les hommes ont le beau rôle. Sur les forums, ils se font les propagandistes ardents de la philosophie du bonheur facile et décontracté par les plaisirs du corps, incitant les femmes à ne plus se retenir comme elles le font, à leurs yeux, encore trop souvent. Mais d'autres hommes, ou les mêmes à d'autres moments, tiennent un discours radicalement différent. Parce qu'ils sont entrés dans la perspective de l'engagement durable, la quête de l'âme sœur. Alors, la femme libre dont ils rêvaient naguère, prend soudainement un visage bien différent. Elle devient repoussante, objet d'une stigmatisation brutale. Elle est une « pute », une « salope ». « Si tu couches le premier soir, là oui, t'es une salope[15] » (*Étienne*). Tout le poids de siècles et de siècles d'interdits sexuels discriminant les femmes s'abat insidieusement sur les épaules de celles qui se pensaient émancipées, égales en tous domaines.

Stephie82 est révoltée : « Ben, Étienne qu'est-ce que tu dis là ? Mais pourquoi c'est toujours la femme qui est une salope ? Et le mec qui couche le premier soir il est quoi, Étienne ? Un saint ? Il faut bien être au moins à deux pour coucher. Alors les hommes peuvent et pas les femmes ? Bizarre !!!!!!!![16]. » Pas si bizarre, en fait. Ou bizarre seulement si l'on croit aux promesses et paroles générales sur l'égalité, sans prendre en compte les mécanismes qui limitent encore la liberté des femmes. L'héritage de l'histoire est considérable dans les mentalités, et ne s'efface pas par la magie de quelques principes proclamés en surface. Il existe par ailleurs aujourd'hui de nombreux territoires sur lesquels règne encore une discrimination officielle, particulièrement marquée pour tout ce qui touche au sexe. Isabelle Clair a souligné, par exemple, combien dans les cités les filles sont étroitement surveillées[17]. Rien n'échappe de leurs faits et gestes, et ces observations alimentent chaque jour l'évolution de leur image et de leur réputation. Les qualificatifs de « pute » ou de « salope » fusent avec une extraordinaire vivacité, à propos d'une simple tenue vestimentaire, ou parce qu'une fille a trop « bougé » (elle s'est promenée dans un espace public), ce qui équivaut à « traîner », donc à être une traînée. Inutile de dire que le moindre soupçon de relation sexuelle déchaîne la stigmatisation. « Quand ils vont la voir passer dans la rue, ils vont faire : "Oh ! c'est elle qui couche avec Truc", comme ça. Et même ils vont le marquer sur les murs. Alors tout le monde peut voir le mur…[18] »

Les femmes restent encore aujourd'hui sous surveillance. Même quand elles ont l'illusion du contraire, la liberté sexuelle est pour elles beaucoup plus difficile à mettre en œuvre que pour les hommes. *Lafilleacentsous* s'est amusée, pendant une période, à vouloir faire comme les garçons : être une pure chasseuse sexuelle sans réfléchir au-delà, « une période où je faisais bien rigoler mes copines, mais où apparemment j'ai gagné une réputation de mangeuse d'hommes ». Aujourd'hui, elle voudrait tourner la page, « mais cette image me reste et me colle à la peau[19] ». Seul le Net parvient à briser les idées anciennes et à offrir des identités plus ou moins libres de s'inventer sans discriminations. Mais dès qu'un rendez-vous est pris dans la vraie vie, toute une série de conditions doivent être remplies pour que cette liberté féminine se maintienne. Mieux vaut une très grande ville, où on ne risque pas de croiser des connaissances ; un café où on n'a pas l'habitude d'aller. Dès avant la rencontre, il fallait avoir su ne pas livrer trop d'informations risquant de provoquer des recoupements avec des groupes réels. À plus forte raison, éviter de choisir une personne qui n'est pas parfaitement inconnue. « Choisir quelqu'un qui se trouve en dehors de notre environnement habituel (pas collègue, pas camarade, pas le boulanger du coin)[20]. » Car les groupes parlent, échangent des renseignements, fabriquent des réputations. Ils ne cessent de faire cela, toujours, tous les groupes. Prompts surtout à disqualifier celle qui pourrait être prise en faute, au nom d'une morale implicite, susurrée à demi-mot.

D'autant que les hommes, critiqués pour leur propension au silence dans la vie conjugale installée, sont particulièrement bavards dans leur cercle d'amis à propos des conquêtes sexuelles. Cela leur vient, là encore, d'une longue histoire. De l'époque des romans de chevalerie, où la séduction était vue comme un exploit équivalent aux prouesses guerrières[21]. Ils ne se contentent pas de se vanter de leur tableau de chasse (un peu exagéré à l'occasion) : ils livrent des détails, informent sur des « bons plans », qui se traduisent en mauvaises images pour celles qui en sont l'objet. *Lisa1236* est encore sous le choc. C'est d'ailleurs pour cela qu'elle avait lancé le débat sur la Toile : « Pensez-vous qu'une fille qui couche lors de la troisième rencontre est une salope ? Car c'est ce que j'ai fait et les potes de mon copain m'ont insultée. Car cet abruti a tout raconté[22]. » *Stephie82* la conseille : « Tu couches avec qui tu veux et quand tu veux, mais essaie de trouver un homme discret, c'est tout ! » Décidément, après les imprécations d'*Étienne,* c'en est trop pour *Lisa.* Alors, elle lance un cri de rage (ne lésinant pas sur les mots crus, je m'en excuse) contre cette injustice qui permet presque tout aux garçons et beaucoup moins aux filles : « Ah ! quel con celui-là ! Mais dis-moi, et lui ? Il est quoi dans l'histoire, hein ? C'est plutôt lui le salopard, pas toi. Gros con ce mec, et grande gueule en plus. T'as qu'à dire à ses copains qu'il avait une p'tite quéquette et que c'était un mauvais coup en plus[23]. »

Un monde à côté

En quelques années, Internet a révolutionné la façon de tisser des relations sociales. Surtout dans le domaine amoureux et sexuel. Le processus était amorcé avant, comme je l'ai dit à propos des dancings et du flirt. Il consistait à créer des espaces nouveaux pour se libérer des injonctions morales et desserrer l'étreinte du groupe. Pour vivre à deux les émotions de l'instant, dans une sorte de petit monde rien qu'à soi, séparé du reste du monde. Internet accéléra soudain le mouvement, lui ouvrant des horizons immenses. Ce qui se passe sur la Toile est l'invention d'un « monde à côté[24] », où les règles du jeu sont totalement différentes. Un monde pas aussi virtuel qu'il est dit trop souvent, mais fluide[25], parce que libéré des contraintes qui attachent à des territoires, des groupes, des conventions ancrées. Les femmes peuvent enfin y devenir des hommes comme les autres, décidant de leur morale sans être assujetties à des stéréotypes. Dans les sociétés inscrites dans des territoires, le lien social procède des proximités établies. Deux individus ne sont jamais seuls. Dès qu'ils entrent en contact (sauf s'ils parviennent à vraiment se cacher), ils charrient avec eux tout un « processus de pénétration sociale[26] », avec ses codes, ses valeurs, ses regards, ses jugements. Ils sont d'abord tout cela qui leur trace la route, avant de pouvoir s'inventer. Erich Merkle et Rhonda Richardson notent qu'une des caractéristiques principales d'Internet est d'inverser la donne : deux individus peuvent entrer en contact par la subjectivité et l'intime, en se dégageant des entraves et des définitions a priori.

Du moins en théorie. Comme le disent très bien Daniel Miller et Don Slater, le « monde à côté » d'Internet est surtout l'instrument de « libertés potentielles[27] » plus que de libertés réelles et complètes. Les stéréotypes accusateurs y prolifèrent, et même avec une certaine violence. Ce qui se comprend quand on sait que les *chats* et les forums sont les nouveaux lieux où l'on tente de définir une morale commune (impossible de le faire sans opinions tranchantes). *Hélène*, qui rêve sur son blog d'une sexualité qui pourrait être libre, sereine, décontractée et gaie, s'est trouvée toute surprise de se faire traiter de « nymphomane » et de « salope ». Mais elle a répondu, ridiculisant ses détracteurs et trouvant une armée de femmes pour la soutenir. *Étienne* (qui avait également traité *Lisa* de salope) fut de même isolé, moqué, vitupéré. Peut-être recommencera-t-il sur un autre forum, ou en changeant de pseudonyme. Mais au moment où la discussion se déroule, les filles ont réussi à imposer l'idée d'égalité ; la liberté potentielle a été réalisée.

Internet est un « monde à côté » (comme hier la danse ou le flirt) qui se déploie de façon parallèle aux territoires de socialisation ancrée. Les liens sont continuels, nombreux et complexes entre les deux univers. Plus ce monde à part est séparé, plus il offre la possibilité de se dégager des stéréotypes. Voire de devenir une sorte de base pour changer l'ensemble des comportements. Tous les groupes assujettis à des conventions rigides, souffrant de discriminations, ou rêvant tout simplement de plus de liberté, l'utilisent donc, dès qu'ils en ont les moyens techniques, pour tenter d'élargir leurs espaces d'expression personnelle. Les jeunes (voire les enfants[28]), les femmes, les membres de communautés culturelles régies par la tradition.

Des cafés ailleurs

L'exemple des femmes musulmanes est particulièrement intéressant. Les interprétations les plus strictes du Coran leur interdisent de rencontrer des hommes et de s'exposer dans l'espace public. Mais Internet n'est pas l'espace public. Dans un pays comme la France, les musulmans déclarés (hommes et femmes confondus) sont proportionnellement plus nombreux à fréquenter les sites de rencontre que les non-croyants ou les chrétiens[29]. « L'utilisation d'Internet permet d'élargir le champ géographique des rencontres, en échappant au contrôle des proches[30]. »

Voyageons un peu. Au Caire par exemple. Alors que dans les années 1970 mille petits lieux discrets permettaient de se soustraire aux regards (« On faisait l'amour dans le parc d'al Orman », confie Farida[31]), le conservatisme des mœurs qui s'est appesanti depuis a infiniment réduit les possibles. « Le Caire chasse ses amants. » Résultat : « Internet est *le* nouvel espace de l'amour (...), qui permet aux inconnus de se rencontrer hors des circuits traditionnels[32]. » Mêmes conclusions au Koweït, où les connexions online permettent aux femmes « d'échanger avec des hommes sans peur des conséquences sociales[33] ». Ou en Jordanie. Arrêtons-nous un instant dans ce pays pour voir cela de plus près, en compagnie de Laura Pearl Kaya, qui nous entraîne sur les pas des étudiants de l'université Yarmouk, à Irbid[34].

Sur le campus, les magasins, les fast-foods, le décor occidentalisé et les espaces ouverts créent une ambiance favorable aux échanges et à l'expression de soi, d'autant que la famille est loin. Mais cela ne suffit pas, les contrôles restent bien présents et limitent les initiatives. Seul le Net offre une alternative radicale, un monde vraiment différent. *Mona*, une jeune Palestinienne de 19 ans, passe deux heures par jour sur les *chats*. Elle a beaucoup d'amoureux sur la Toile.

Mona se rend au café Internet Rishrush pour entrer dans cet autre monde. Irbid pourrait figurer au livre Guinness des records en ce qui concerne le nombre de ses cafés Internet. En 2004, dix ans après l'arrivée du Net en Jordanie, on en dénombrait pas moins de 104, très fréquentés par les étudiants et les étudiantes. Il se passe beaucoup de choses intéressantes dans les cafés Internet à Irbid. Bien sûr, c'est là que l'on peut, en se connectant, basculer dans ce monde parallèle où les règles du jeu amoureux sont tout autres. Mais pas seulement. Ils représentent aussi un des rares lieux où filles et garçons peuvent se retrouver très proches, sans ségrégation des genres[35]. Et surtout, des incursions dans la *real life* peuvent discrètement s'y opérer à partir de la Toile. Il suffit pour cela, en utilisant des techniques subtiles, de se connecter avec un amoureux potentiel présent dans le café. Puis de laisser les désirs enflammer les messages, redoublés par des regards à la dérobée.

Ce jour-là, au café Rishrush, *Mona* répondit à un *Romeo* sans même savoir qu'il était dans la salle. Ils jouèrent à se reconnaître parmi les usagers du café. *Romeo* lui dit qu'elle était romantique.

Chapitre 6
Le sexe-loisir

Quand le sexe s'émancipa du sentiment

Au café Rishrush il n'y a pas que des *Romeo* romantiques. De nombreux clients vont aussi sur des sites pornographiques. Comme partout sur la planète, le sexe est devenu envahissant. Le sexe pour le sexe, libéré de toute attache, de toute entrave, franchissant les frontières des anciens interdits pour atteindre le frisson. Le monde « à côté » d'Internet, en coupant les liens qui retenaient encore, a fait exploser un feu qui avait déjà pris, plus discrètement, depuis longtemps.

Pour bien comprendre ce qui se passe aujourd'hui, il faut remonter un peu en arrière. Sans réécrire toute l'histoire de la sexualité, riche et complexe, revenir au moins, brièvement, sur ce moment crucial, à la fin du XIXe siècle, où le sexe commença à s'émanciper du sentiment. Il l'avait déjà fait bien des fois auparavant, de façon exubérante, joyeuse ou violente. Mais les conséquences de ce qui se passa à la fin du XIXe siècle furent différentes, en installant une séparation profonde et durable entre sexe et sentiments.

Parce qu'il y avait eu le romantisme. Un immense élan, qui avait entraîné toute l'Europe, et dont nous avons oublié qu'il fut au début un mouvement de contestation politique et philosophique, non réduit à la seule sphère privée. L'idée du romantisme était de refuser les horizons étroits de la nouvelle civilisation mercantile qui envahissait les esprits. De nous arracher à la médiocrité de l'ordinaire, par un souffle vibrant, indéfinissable. Il était une tentative extrême et désespérée d'atteindre le sublime. Il échoua dans ces hautes ambitions, se fourvoyant dans le mysticisme à mystères, les noirceurs mortifères ou le conservatisme archaïque. Mais cet échec, par un retournement spectaculaire, engendra, de façon étonnante, les couleurs roses et douces de la romance, le romantisme sentimental et courtois tel que nous le connaissons encore aujourd'hui[1].

À travers l'Europe entière, théologiens, philosophes ou médecins dressèrent le procès du romantisme radical de la première époque. La folle passion menaçait le nouvel ordre bourgeois et ne débouchait sur rien qui vaille. Au diable les brumes moyenâgeuses et les mélancolies suicidaires! L'amour devait renouer avec la vie ordinaire. La nouvelle science aliéniste décréta même, du haut de ses blouses blanches, que la folie amoureuse n'était rien d'autre qu'une pure et simple folie, que la maladie d'amour était une maladie. Et qu'il fallait soigner les malades. Après la tourmente romantique, la bonne société rêvait d'un retour à la normale.

Puis, quand le romantisme prit la forme de la romance, et que les femmes investirent le roman sentimental pour élargir leurs espaces d'action (alors que la politique ou l'économie leur restaient interdites), l'avant-garde littéraire se déchaîna contre ces mièvreries. L'amour devint alors « un sentiment ridicule et naïf[2] ». Par un renversement surprenant, « ce n'est plus le sexuel, mais le sentimental qui semble indécent[3] ». La découverte scientifique de la nature tout au long du XVIIIe et du XIXe siècle, ou la construction de grandes philosophies matérialistes aboutiront à concevoir le sentiment, notamment le sentiment amoureux, comme une pure illusion. Pire, pour Schopenhauer, l'amour c'est l'ennemi. Freud lui-même, dont les idées bouleverseront le monde en révélant combien le sexuel nous agite en profondeur et structure notre personnalité dans l'enfance, voit dans l'amour une figure de l'aliénation, dans la passion une régression infantile touchant à la psychose[4]. Jean-Claude Bologne précise que, selon le père de la psychanalyse, le sentiment n'est « qu'égoïsme, projection de fantasmes, miroir de ses propres pulsions. Ce n'est pas une femme que nous aimons, mais une image idéale qui, au-delà de la femme, renvoie à la mère[5] ». Les penseurs plus politiques qui suivront, et qui utiliseront la sexualité comme instrument de libération sociale, se couleront dans le même moule idéologique. Wilhelm Reich[6], apôtre de la révolution sexuelle, appellera à nous libérer de toutes les entraves, y compris sentimentales. Herbert Marcuse[7] parviendra à ne pas parler d'amour dans toute son œuvre portant sur les rapports entre sexe et société[8] !

Quand la révolution sexuelle éclate dans les années 1960, elle est d'abord et avant tout une énergie formidable, qui brise les carcans d'une société bloquée et puritaine, où les individus n'étaient pas très à l'aise avec eux-mêmes. Mais ce mouvement inéluctable, qui s'accélère après que la pilule a permis aux femmes de séparer plaisir du corps et nécessités de la reproduction, ouvre définitivement la voie à ce que nous connaissons aujourd'hui : l'autonomisation radicale de l'univers de la sexualité. Dégagée des entraves du sentiment. Prête à établir de nouvelles règles du jeu social. Mais lesquelles ?

Libération sexuelle : où en est-on vraiment ?

Depuis les utopies hédonistes du « jouir sans entraves » des années 1960, le mouvement d'émancipation sexuelle, véritable « tremblement de terre dionysiaque », n'a cessé de prendre de l'ampleur, « dans une fuite en avant vertigineuse[9] », tant quantitative que qualitative. Le sexe nouveau est arrivé, « autonome et autosuffisant », uniquement jugé « à l'aune de la satisfaction qu'il apporte[10] ». Les livres divulguant « Les secrets d'une experte du sexe pour rendre un homme fou de plaisir » ou pour « Tout savoir sur la fellation » sont régulièrement dans les meilleures ventes. Et le nombre des sites web à contenu pornographique est devenu hallucinant. Quant au contenu, toutes les limites semblent pouvoir être franchies. Nous assistons à une banalisation du hard[11], où se croisent sans façon gang-band, bondage, double et triple pénétration, SM, scatologie, urologie, sex toys, échangisme… que sais-je encore. Même les enfants s'y mettent. Quand ils surfent sur le Net, juste après « YouTube » et « Google », leurs principaux mots-clés sont « Sexe » et « Porno »[12].

Pourtant, les grandes enquêtes sur l'évolution des pratiques sexuelles débouchent sur des conclusions beaucoup plus tempérées. Certes, les comportements s'enrichissent et se diversifient régulièrement, évolution qui témoigne d'un intérêt grandissant pour la sexualité, mais qui est relativement lente, sans commune mesure avec l'explosion médiatique. Quant aux pratiques les plus transgressives, elles restent en fait très marginales. « Le réel social n'est pas à l'image de la scène médiatique "hypersexuelle" déferlant sous nos yeux[13]. » Gille Lipovetsky, qui note ce décalage, en donne une explication : au-delà de la jouissance, la quête d'une relation durable est omniprésente dans les esprits. Un rêve de bonheur tout simple. Le cocon de douceur conjugale est vu comme l'antidote aux poisons agressifs de la vie moderne. La scène médiatique n'est pas pour autant mensongère, les deux sont vrais. Car la société d'aujourd'hui est travaillée entre une recherche des plaisirs, un goût pour l'aventure, la découverte de sensations nouvelles ou intenses ; et un besoin de stabilité et de réconfort qui pousse à éviter les risques et à modérer les audaces. C'est pourquoi il y a un peu tout et son contraire dans les évolutions actuelles. Des changements impressionnants quand les conditions sont propices – la facilité de la prise de contact online et la ritualisation banalisée du rendez-vous qui s'ensuit déchaînent actuellement le dating sexuel. Et des permanences conservatrices, ancrées dans les profondeurs de l'ordinaire conjugal – les routines conjugales s'installent au creux du lit comme ailleurs.

Le décalage s'explique aussi pour une autre raison. Historiquement, la libération sexuelle a pris la forme d'une transgression permanente. Il fallait briser les anciens carcans puritains et violer les interdits pour délier les corps. Cette perspective sulfureuse se poursuit aujourd'hui et se renouvelle dans la recherche d'autres limites à dépasser. Toujours plus loin, plus transgressif, alors que les interdits tendent au contraire à diminuer (excepté quelques domaines comme la protection de l'enfance). Il en résulte un culte des perversions, devenues très tendances et instruments de distinction sociale. Sade est de nouveau à la mode. Mais n'oublions pas que le « divin marquis » se définissait avant tout par l'égoïsme radical de sa quête des plaisirs, ne reculant même pas devant l'idée de tuer ses victimes si cela pouvait être source de jouissance personnelle. Il existe une propension antihumaine dans la « tyrannie du plaisir[14] ».

Est-ce cette sexualité-là qui vraiment nous attire ? Parfois oui, surtout pour certains, contrôlant cependant les limites au-delà desquelles les perversions peuvent basculer dans le drame. Mais le plus souvent, non. En deçà des images chocs les plus présentes à l'avant-scène, la véritable révolution sexuelle que nous sommes en train de vivre est sans doute ailleurs, beaucoup plus discrète, beaucoup plus profonde, et paradoxalement beaucoup plus subversive.

Tout le contraire de la violence, de la transgression, et surtout de l'égoïsme. Une quête de douceur joyeuse (n'excluant nullement l'intensité vibratoire), simple et normale, dans le bonheur du plaisir partagé. Une telle aspiration se manifeste fortement dans les demandes de rendez-vous. Les adeptes du strict « plan cul » (le plus souvent des hommes) se font déborder par cette requête nouvelle qui les ringardise. Renouant avec le courant libertin qui préféra Montaigne à Sade, Casanova à Don Juan. La révolution que nous sommes en train de vivre est celle de la banalisation du sexuel. Pour tout un chacun. Qu'il vive avec son partenaire habituel ou qu'il soit plongé dans l'aventure des rencontres (ou les deux à la fois). La révolution que nous sommes en train de vivre est aussi celle de l'irrémédiable coupure avec une très longue histoire, où le sexe eut toujours partie liée avec un univers symbolique angoissant, rempli de forces obscures, attirant par ses troubles secrets. Il tend au contraire aujourd'hui à devenir quelque chose de simple, de normal, de plaisant. Une sorte de loisir. Très agréable. À croquer dans l'instant, sans se prendre la tête. « Je ne suis pas patiente, moi, madame. Par exemple, quand je vais à la pâtisserie, j'achète un truc pour le manger maintenant, pas trois ans plus tard. Mais voilà, les hommes, c'est pire que les macarons, faut que je les mange de suite[15] » (*Pinklady*). Un loisir-gourmandise, pour se faire du bien, passer un bon moment, sans causer de mal à personne. Nombre de « dateurs » programment d'ailleurs leurs rendez-vous comme toute autre activité du week-end. Hésitant parfois entre « prendre un verre » et lire un roman ou aller au théâtre. Quant aux couples établis, leurs vacances sont souvent combinées avec une dynamisation de leurs ébats. Deux loisirs à la fois.

Bien-être à deux

Les loisirs sont eux-mêmes pris dans une évolution plus vaste : la quête de bien-être et de petits plaisirs. Face à une société devenue mentalement dure à vivre, nous avons tous besoin de nous sentir réconfortés, caressés. De percevoir des sensations agréables toujours plus nombreuses, dans des bulles de vie alternative. Une douche à n'en plus finir (durant bien au-delà des nécessités de l'hygiène), un massage parfumé, un morceau de chocolat. Les plaisirs du sexe lors de la rencontre ajoutent certes une dose d'aventure et de frisson. Mais à leur base l'aspiration au bien-être est de plus en plus explicite et généralisée.

Cela aussi résulte d'une riche histoire. Il serait trop long de raconter ici comment le couple fut socialement fabriqué comme un lieu pouvant procurer du bonheur[16]. D'abord, sous l'influence de théologiens et de moralistes. Puis, au XXe siècle, sous celle de psychologues et de conseillers conjugaux. Je signalerai simplement comment, dans cette évolution, le sexe posa longtemps problème. Le lit était au centre d'une équation insoluble pour les théologiens et les moralistes. La copulation, tolérée par nécessité de reproduction biologique, avait été terriblement encadrée pour éviter la « fornication », c'est-à-dire tous les plaisirs, sentiments et gestes trop caressants. La femme devait effectuer son « devoir » de la façon la plus distanciée et froide possible (on pardonnait plus facilement au mari, de tempérament plus « sanguin »), la tête ailleurs (idéalement en pensant à Dieu) et en expiant ensuite ses fautes au confessionnal si elle n'avait pu s'empêcher d'avoir ressenti quelque émotion lascive. Il faudra des siècles de combat sur l'oreiller pour que les femmes imposent leur droit au plaisir, obligeant les institutions à prendre en compte la nouvelle donne amoureuse.

Bien avant Kinsey (puis Masters et Johnson), des sexologues comme Havelock Ellis avaient ouvert la voie au début du xxe siècle : le principe de bien-être et de plaisir devait sereinement s'épanouir dans la sexualité[17]. Ils furent progressivement relayés par toutes sortes d'institutions, y compris les plus prestigieuses, comme l'Organisation mondiale de la santé. En 1974, l'OMS prend acte de la dissociation entre sexualité reproductive et recherche de plaisir. Elle reconnaît la légitimité et l'importance de cette dernière comme source de bien-être et même de santé[18]. L'injonction à la jouissance était désormais inscrite dans les équations politiques.

Cette institutionnalisation de la « sexualité bien-être » s'adressait évidemment au couple légitime. L'OMS n'avait pas l'idée d'ouvrir les vannes d'un libertinage déchaîné. Pourtant, c'est bien ce qui advint, surtout après la brusque accélération impulsée par Internet. Parce que, loin des violences et des risques de la transgression extrême, la sexualité online avait ouvert le chemin d'un « hédonisme tempéré », aspirant lui aussi au bien-être. « Je veux qu'on soit très coquins (si bien sûr on en a envie tous les deux)[19] », propose *Nick* à sa partenaire du moment, avant d'ajouter : « et surtout que les choses soient fluides, simples, chaudes[20] ». Pour vivre « des moments cool, sensuels, tendres et drôles », précise-t-il à une autre. « On peut même parfois parler de tendresse, et c'est bon[21]. »

La vraie subversion que nous sommes en train de vivre est précisément là. Dans la banalité paradoxale d'un nouveau loisir excitant mais sans risque, où le jeu ne consiste pas seulement à ce que des peaux se découvrent, mais aussi des univers personnels, s'interpénétrant au plus intime sur une durée courte. Dans une atmosphère de douceur et de gaieté dominée par le goût de l'autre. C'est d'ailleurs sur ce point précis que la rupture est la plus forte avec la chasse sexuelle, qui est animée par une recherche de plaisir souvent très égoïste (impliquant de mentir au partenaire sur ses intentions, et de le rejeter sans explications ensuite). Le désir nouveau repose au contraire sur la franchise, la complicité, et surtout la curiosité de l'autre, l'appétit de découverte d'un monde inconnu. Car deux rencontres ne sont jamais les mêmes. Seuls les dragueurs bornés peuvent avoir l'impression que tout se répète à l'identique et que seule la jouissance a de l'intérêt.

J'ai déjà parlé d'*Anadema*, dont le nombre de conquêtes est impressionnant. Il les décrit et les archive avec une précision remarquable[22]. Une visite rapide sur son site pourrait faire penser qu'il est un chasseur à l'ancienne, collectionnant ses trophées et fier de les afficher. En réalité, il est surtout passionné par l'aventure de la découverte intime d'un monde personnel. C'est d'ailleurs pourquoi, nous l'avons vu plus haut, il ne couche pas et n'embrasse même pas le premier soir. Comme dans le code courtois, il préfère respecter une progression lui permettant de mieux apprécier les préliminaires. Sans que cela s'éternise évidemment, il ne s'agit pas d'établir une relation durable, mais de vivre un événement, intense et libre parce que limité dans le temps. Sans que l'attente n'ait rien d'obligatoire non plus : le feeling ou un désir soudain peuvent aussi précipiter les choses. « Jeudi dernier, en tout début de soirée, particulièrement frustré par des mésaventures que je vous raconterai plus tard, je suis pris d'une furieuse envie de faire une rencontre rapide. Envie de sexe, envie de tendresse, envie d'une rencontre sympathique, envie de partir à l'aventure. Je regarde dans la liste des connectées pour choisir des demoiselles qui me semblent jolies d'après leurs photos et dont le texte d'annonce est sympa. » *A.*, « 27 ans, plutôt charmante, mince et avec un joli sourire » lui donne envie d'entrer dans le jeu avec elle. La façon d'élaborer sa demande en dit long sur la quête nouvelle de « sexualité bien-être ». Prenons le temps de rentrer un peu dans les détails. En quelques minutes, ils se retrouvent sur le *chat*, et tentent d'expliciter leurs désirs. Extraits.

Histoire d'A.

Elle : « Pourrais-tu être plus clair sur ce que tu recherches ?[23] »

Lui : « Dans l'idéal je recherche la femme de ma vie ! Mais comme je suis un épicurien, j'ai aussi envie de faire quelques rencontres sympas ! Je suis sensible à la personnalité et à l'humour. Et toi, que recherches-tu ? Je te propose une chose toute simple : quand tu en as envie, un soir, on se boit un verre. Si le feeling et l'amitié sont là, on donne une dimension câline à cette soirée. Qu'en penses-tu ? »

Elle : « J'aimerais bien avoir une relation sérieuse, même si je sais que c'est difficile. Maintenant, faire des rencontres, pourquoi pas, il faut voir, peut-être que ça me mènera à l'homme de ma vie. »

Lui : « Ça permet de passer de très agréables moments et de s'épanouir ! »

Elle : « Oui, mais c'est aussi un peu difficile qu'un mec vienne te voir pour coucher avec toi. »

Lui : « Pour ma part, je ne cherche pas que du sexe, je cherche à partager un moment à deux ! C'est complicité, sensualité, humour, confidences... Le sexe tout seul c'est un peu ennuyeux à mon goût ! »

Elle : « Oui, dans ce cas, c'est un peu mieux. »

Lui : « Je te trouve charmante, ton annonce est amusante : je te propose de passer un moment avec moi, si affinités. C'est aussi simple que ça ! »

Elle : « Oui, pas de problèmes. »

Lui : « Tu as envie qu'on se rencontre quand ? Ce soir si tu veux (il faudra juste me laisser un peu de temps pour finir de manger !). »

Elle : « Pourquoi pas ? »

Cinq minutes plus tard, le son de la voix ne faisant par barrage, un rendez-vous est pris au téléphone, pour

22 heures, le temps qu'*Anadema* finisse de manger. Tout peut être incroyablement simple dans l'univers du sexe-loisir.

Anadema est d'abord déçu par son accent de banlieue qu'il n'avait pas entendu aussi fort au téléphone, ses bavardages, son sweat trop grand et surtout la présence d'un chien. « Le toutou me fait la fête en essayant de s'agripper à mon jean. *A.* m'invite à m'installer confortablement dans son canapé. Le toutou qui a l'air de bien m'aimer grimpe sur le canapé, tente de me lécher le visage, couche son museau sur ma cuisse et m'honore d'une large auréole de bave. » *Anadema* regrette un peu cette « rencontre trop rapide », où il ne sent pas une complicité sereine, mais décide d'aller malgré tout au bout de l'aventure. « Les câlins se font progressivement plus sensuels et plus intimes. Nous nous levons pour aller dans sa chambre. Elle ferme la porte, ce qui nous permet de ne pas avoir la compagnie du toutou sur le lit (je ne l'aurais jamais accepté !). Ce dernier, ne supportant pas de se retrouver ainsi mis à l'écart, gratte et couine non-stop. »

Post-coïtum

Comme à son habitude, *Anadema* décrit avec une précision d'entomologiste le détail des gestes et des pensées. Il pointe quelque chose qui l'intrigue : « Elle est câline, pas particulièrement passive mais je sens quand même rapidement que, sexuellement… il y a un petit problème. Dès le début, elle prend très spontanément l'initiative d'entreprendre un 69 avec moi, ce qui est franchement pour me plaire. Juste après, j'en profite pour lui demander entre deux câlins pourquoi elle n'avait eu que très rarement l'occasion d'en faire puisque c'est quelque chose qu'elle m'avait avoué. Elle me répond timidement que c'est parce qu'en fait, elle n'aime pas trop pratiquer la fellation. Ben mince, alors ! Je suis assez éberlué. J'essaie de recadrer les choses avec elle en lui expliquant que nous sommes là pour passer un agréable moment tous les deux et que personne n'a à faire ce dont il n'a pas envie. Elle apprécie ces paroles et se détend un peu plus. Bref ! Nos caresses se poursuivent, l'excitation monte. Mais elle reste souvent muette chaque fois que j'essaie de lui demander doucement si elle aime ceci ou cela... Un peu plus tard, je lui laisse l'initiative de mettre le préservatif et la laisse venir sur moi. Je la sens plus à l'aise comme ça, elle contrôle les choses et bouge comme elle en a envie. Nous varions les plaisirs et les positions, je sens qu'elle a besoin que je sois très doux et que je la rassure.

Elle a l'air un peu surprise que je veuille spontanément rester dormir avec elle. Elle a fait quelques rencontres de mecs qui repartent à trois ou quatre heures du matin, après un peu de sexe et elle a l'air de trouver ça normal. » *Anadema* pense que dormir ensemble « c'est tendre et agréable », et que cela fait partie de ce petit morceau de douce aventure. Elle accepte bien volontiers, mais en posant comme condition que ce soit avec le chien.

Ils se séparèrent au matin. Comme convenu, l'histoire était finie. *Anadema* aurait donc très bien pu s'arrêter là, surtout s'il avait été un pur chasseur, n'hésitant pas à passer à autre chose une fois la proie consommée. Mais il avait envie de comprendre ce qui ne s'était pas très bien passé. Il avait aussi sans doute envie d'aider, tout simplement. S'il n'avait pas reçu lui-même tout le plaisir attendu, il avait également ressenti que *A.* n'avait pas nagé dans le bonheur et la décontraction. Le bien-être à deux n'avait pas vraiment été au rendez-vous. Le lendemain, il alla donc sur le *chat* et lui demanda pourquoi elle ne s'était pas sentie plus à l'aise, et si elle n'aurait pas préféré de simples caresses.

Lui : « On aurait très bien pu passer une nuit câline soft tu sais ! Ça aurait été sympa aussi, tu te serais peut-être sentie plus à l'aise ? »

Elle : « J'aurais apprécié que l'on se fasse que des câlins, mais je pensais que tu voulais coucher avec moi et je ne voulais pas te décevoir. »

Lui : « Tu aurais simplement pu me le proposer, je t'aurais dit oui ! Comme je te l'avais dit, le but de tout ça était que l'on passe un agréable moment tous les deux ! »

Elle : « Je n'ai pas osé. »

Lui : « Je te proposais de passer un bon moment ensemble, ça sous-entend : un moment qu'on trouve bon tous les deux, pas que moi ! »

Peu à peu, elle se confia. Elle avait vécu des événements (un viol à peine déguisé) qui avaient produit ce blocage sexuel et cette représentation du désir masculin. « J'espère au moins lui avoir apporté de nouveaux repères, une idée plus précise de ce qu'elle est en droit d'attendre d'un garçon, même pour un soir : à savoir de la tendresse, de l'écoute, de l'attention, du respect et un sentiment de confiance dans le rapport amoureux où rien n'a à être subi. Si cela peut faire évoluer sa vision du rapport hommes/femmes, ce sera déjà ça. » *Anadema* n'a cependant pas l'âme d'un thérapeute au long cours. S'il va sur les sites, même avec un esprit curieux et altruiste, ce n'est pas pour guérir les maux de l'humanité mais pour trouver du plaisir. Et de ce point de vue, cette rencontre ne lui avait pas apporté grand-chose. Il en conclut qu'elle avait été trop précipitée, qu'il n'avait pas pris le temps de savoir s'il pouvait y avoir une véritable complicité, garante d'un bien-être à deux. C'est d'ailleurs pourquoi il préfère ne pas s'emballer trop vite le premier soir.

Chapitre 7

Le game

Jeux de société

Le tableau que je dresse est peut-être un peu trop idyllique. Tout l'univers des nouvelles rencontres ne tourne pas autour de la quête des bulles de plaisir et de bien-être – complices, douces, sereines et joyeuses. Il y a aussi des grains de sable, des dérives, des mal-être. Nombreux et de toutes sortes. Des rendez-vous qui se passent mal. *Trentenaire* victime d'un lapin au Sofitel de Marseille, le pauvre *Seeth* qui n'arrive même pas à embrasser, *A.* qui fait l'amour à contrecœur. Des décalages entre attente de l'un et attente de l'autre, des incompréhensions, des ruptures brutales ou sournoises (généralement par un SMS lapidaire), lourdes de conséquences psychologiques. Des dérapages vers la transgression pour la transgression, sans limites et sans but, faisant basculer de l'érotisme partagé vers la pornographie égoïste, « jouissance organique » transformant l'autre en objet et qui « contribue à l'effacement de l'idée même d'être humain[1] », comme le souligne Michela Marzano.

Le sexe-loisir banalisé ouvre un immense espace où les postures sont multiples. Animées par l'idée du plaisir et du jeu, mais selon des modalités différentes. Les petites aventures de bien-être à deux ne sont qu'une tendance parmi d'autres. Certes, la plus remarquable, la plus subversive malgré elle, porteuse d'une alternative relationnelle (qui questionne le couple exclusif et permanent). Mais elle est notamment concurrencée, surtout chez les hommes, par une conception beaucoup plus fondée sur l'esprit du jeu *stricto sensu.* Nous l'avions déjà vue à l'œuvre à propos des techniques de séduction permettant de parvenir rapidement au baiser. Ce que *Mistral* appelle « l'esprit *game.* À savoir, la séduction comme un sport en plus d'être un jeu[2] ». Une compétition demandant parfois plus d'efforts pour réaliser des exploits qu'une recherche de plaisir, même égoïste. Un dépassement de soi, non pas en direction de l'être aimé ou désiré, mais un dépassement pour le dépassement, dans la fuite en avant que toute compétition peut ouvrir.

En partie, il n'y a ici rien de nouveau. La rivalité masculine pour la conquête des femmes s'inscrit dans une longue tradition. Elle a notamment été mise en forme, je l'ai déjà dit, à l'époque courtoise, quand le chevalier galant devait subir avec succès des épreuves pour gagner le cœur de sa Dame. Dans une vision moins galante, les chasseurs sexuels ont, eux aussi, toujours été menés par l'esprit de compétition. Pour multiplier les conquêtes. Pour se prouver quelque chose. Pour se vanter auprès des amis et concurrents.

Un sport populaire

Mais il y a aussi du neuf dans le *game*, pas seulement par l'emploi d'un anglicisme, ni parce que le modèle de la compétition envahit de plus en plus nos existences[3]. Les joueurs qui s'expriment sur les blogs et les forums sont sur plusieurs points bien différents des chasseurs traditionnels. À cause, d'abord, du Net en lui-même, qui offre un espace légitime à la compétition. Chacun s'y raconte, évalue les techniques, critique les malhabiles, comme dans toute compétition. Le *game* est devenu une sorte de sport officiel, qui a déjà ses champions et ses médias spécialisés. Là où les chasseurs d'autrefois vivaient dans le secret ou n'avaient qu'un public très restreint. Le deuxième changement notable est lui aussi induit par Internet. La multiplication des rendez-vous coquins est devenue incroyablement plus facile. Là où il fallait des ruses réservées aux plus audacieux, tout un chacun – y compris les timides et les maladroits – peut entrer dans le jeu, aisément accessible, presque banal. Facebook a d'ailleurs été inventé par un étudiant timide, pour rencontrer des filles[4]. Et il a réussi ! L'habileté ne consiste plus à savoir entrer dans le jeu, mais à y développer une technique intéressante. Dernier changement, enfin, qui procède des deux précédents, le *game* est ludique. C'est vraiment et avant tout un jeu, mélangeant virtuel et réel, commençant face à l'écran comme un jeu vidéo, pour aboutir à un corps à corps intime, au contraire très charnel. Certes tout n'est pas toujours joyeux et facile, surtout pour la personne qui est en face. La partenaire du joueur apprécie peu d'être jetée sans égards, comme il arrive souvent. Mais de son point de vue à lui, la griserie vient de la facilité déconcertante de ce qui naguère était si compliqué, de l'aisance personnelle que l'on développe et qui donne confiance en soi, de la légèreté de la vie dans ces moments-là. Le *game* est *fun*.

Le principe de base du jeu est le non-engagement, le refus de s'attacher, l'enchaînement rapide des rencontres sans lendemain. Sans perte de temps. Quand une femme « ne sait pas ce qu'elle veut, passe à une autre[5] » conseille *Angel* sur un forum. *Great Master* est encore plus radical : « *Chat* online/phone/etc. : le minimum possible. Le but est de dater sur le 2e voire le 3e mail. Si ça part en *chat*, cassez-vous, gardez bien en tête que vos mails doivent être très très courts. Pas la peine de faire du baratin et de chatter des heures et des heures. » Lorsqu'il arrive qu'une relation se prolonge un peu, l'autocontrôle doit alors être sévère, afin « qu'elle ne devienne SURTOUT pas sérieuse et trop impliquée émotionnellement[6] ». « Pour baiser diversifié, ma quête sera le nombre[7] », proclame *Nick*. Il explique comment il s'agit « de ne pas focaliser sur quelqu'un, de rester toujours en veille, les antennes dressées[8] ». Et, à partir de là, de développer l'efficacité de la technique : « Être efficace, ça veut dire arriver le plus vite et le plus simplement possible à entraîner les nanas sous ma couette[9]. » Les champions du *game*, s'ils réussissent à y consacrer toute leur énergie (il ne faut pas avoir un travail trop prenant), parviennent à des résultats spectaculaires, quoique souvent sur une période limitée (comme pour tout grand sportif, l'excès d'efforts se paie ensuite par une fatigue physique ou mentale). Pour *Nick*, cela avait duré un an : « Quand tout fonctionnait bien, il y avait parfois des périodes hallucinantes où je couchais avec cinq ou six filles dans la même semaine, tout en continuant à en rencontrer de nouvelles… avec qui ça ne saurait tarder[10]. »

Statistiques

Beaucoup de joueurs (et maintenant de joueuses) tiennent leurs comptes scrupuleusement à jour. Reprenant et amplifiant la tradition masculine du « tableau de chasse ». « Je suis un peu comme tout le monde à propos de mes histoires passées : "Pff… ouais, j'compte pas t'sais, c'est nul d'essayer de faire un tableau de chasse, pitoyable." Je suis un gros menteur… et vous ? Non, sans déconner, vous ne comptez pas vos ex, vous ? Vous n'essayez pas de tenir une mini-liste ?[11] », avait demandé *Grenoblois*. Tous ou presque lui répondirent qu'ils comptaient aussi, y compris les filles. *Lafillegrave* en a oublié un ou deux, qu'elle ne parvient pas à retrouver dans sa mémoire, *Plumevive* est d'accord pour ne compter que ceux « qui ont fait un tour dans mon sexe », *Chulie* est un peu plus réservée, et sentimentale : « Ce n'est pas que je les compte, mes ex, c'est qu'ils ont tous compté… difficile de les oublier. »

Grenoblois se considère pourtant (avec humour) comme le « serial looser de la drague », comparé aux champions du *game*. Mais il compte quand même, et n'hésite pas à afficher les résultats sur son blog : « En bon looser que je suis, j'en ai pas eu des centaines, donc, tant qu'à faire, je les compte toutes hein ! Bah ouais, attends, y'a pas que le gouvernement qui a le droit de gonfler ses chiffres. Et jusqu'à présent, je ne pouvais compter que sur ma mémoire pour me remémorer tous ces prénoms, les trois Émilie, Lætitia, etc. Bien qu'ayant commencé ma vie sentimentale sur le tard, j'ai quand même un peu du mal à me souvenir de tous les prénoms, de l'ordre et, par extension, de la particularité de chacune (couleur de cheveux, odeur, taille du bonnet, etc.). Heureusement, la technologie vient au secours de ma mémoire défaillante ! »

La technologie, justement, parlons-en. Elle a radicalement changé la donne du tableau de chasse. Ce qui était secret, caché au fond d'un tiroir dans des carnets intimes, est désormais médiatisé de la façon la plus large et anonyme. Grâce à des outils qui permettent non seulement de sauvegarder la mémoire, mais aussi, pour les champions, de produire des statistiques sophistiquées, des tableaux Excel, des graphiques, des camemberts de pourcentages. Offrant à chacun un matériau d'analyse à l'apparence scientifique impressionnante. *Nick* a par exemple calculé que 77,7 % de ses rencontres (admirez la précision) s'étaient terminées sous la couette le jour du premier rendez-vous, et que 55,5 % étaient des one shots (rencontres d'une seule fois), dont 3 « nazes », 2 « tièdes », 8 « chauds », et 2 « atomiques ».

Mais il ne faut pas se tromper. Ces statistiques sont produites de façon très secondaire pour épater la galerie. Elles sont d'abord pour soi, et commencent d'ailleurs souvent un peu malgré soi. Les sites demandent en effet, lors de l'inscription, de remplir une fiche d'identification, qui incite déjà à se cataloguer soi-même. Puis, dès que la prospection s'intensifie, le fichage des candidats à la rencontre s'avère être rapidement un instrument indispensable. Il faut trier, classer, choisir. Ensuite, la tenue des archives est tout aussi importante. Pour ne pas confondre une personne avec une autre, mémoriser les faits pouvant être utiles dans l'avenir, tirer un bilan de façon méthodique.

Portraits

La logique du nombre ne doit pas non plus tromper. Les joueurs en parlent surtout quand ils constatent que l'utilisation d'Internet leur permet de multiplier avec facilité les rencontres naguère beaucoup plus rares et nécessitant un travail compliqué. *Seductor22* (celui qui a passé un accord avec le patron du bar pour avoir la seconde consommation gratuite) en a obtenu soixante-dix. « Pour quelqu'un qui n'a jamais fait de rencontres via Internet cela paraît impossible, mais pour les connaisseurs ou les squatteurs-séducteurs des sites de rencontre ça ne doit pas leur paraître énorme. » Plus le fait d'obtenir une rencontre devient aisé, moins le nombre total obtenu apparaît significatif. Les statistiques ont dès lors pour objet moins de se vanter (l'ancien tableau de chasse) que d'être utilisées pour agir efficacement. Et, plus étonnant sans doute, pour comprendre. Plongés dans le nouvel univers des rencontres qui se succèdent, parfois à un rythme effréné, les joueurs tentent de percevoir la substantifique moelle de chaque micro-aventure. Le partenaire occasionnel s'inscrira ainsi dans la mémoire autour d'un événement marquant, d'une attitude, d'une sensation. La codification répétitive de l'action aide beaucoup à ce cryptage. Nous l'avons déjà vue opérer dans la scène du café. Elle est tout aussi régulière pour ce qui se passe après le deuxième verre (le flirt préliminaire, le déshabillage, les ébats récidivant les caresses et positions préférées). Paradoxalement, la répétitivité des gestes permet de mieux faire ressortir les différences et de souligner les caractères particuliers de la personne rencontrée, tout en facilitant grandement l'art du portrait en lui donnant un support invariable.

Voilà, peut-être, ce qui est le plus surprenant chez les joueurs : ils sont devenus des portraitistes sans pareil, alliant le souci du détail (impudique) à des audaces sans retenue dans leurs jugements (l'anonymat de la Toile permet de dire ici ce que l'on n'ose pas ailleurs.) En quelques lignes, l'essentiel est décrit : la silhouette, les vêtements (et sous-vêtements), le comportement et les désirs sexuels, le profil psychologique. Le logiciel d'archivage permet parfois des évaluations et des comparaisons. *Nick* attribue par exemple de une à quatre étoiles sur plusieurs critères aussi différents que la beauté du visage, le feeling et la performance érotique. La caractéristique dominante des portraits, aussi larges soient-ils, est cependant d'être dressée à partir de tout ce qui touche au sexe. À commencer par l'anatomie. Rien n'est négligé en ce domaine, ni à propos de la fermeté fessière, ni de l'esthétique pubienne, ni même de l'intimité vaginale. Le lecteur peut constater au plus près, comme s'il vivait l'action de l'intérieur. Et, pour suivre, apprécier la technique gestuelle. Tel l'inspecteur d'un guide gastronomique, le joueur est intransigeant dans ses critiques des manières de faire. Il faut dire que le nombre grandissant des rencontres et leur facilité d'accès aiguisent la concurrence. Du côté hommes comme du côté femmes, d'ailleurs. Celui ou celle qui se contente de procéder tranquillement, comme il ou elle a toujours fait, va désormais être rapidement cloué au pilori, voire dénoncé sur la Toile. Rappelons-nous la triste histoire de *Caramel mou.* Et les points d'évaluation sont souvent très précis. Du côté hommes notamment, s'observe une vraie fixation sur l'art de la fellation, et plus largement sur l'attention portée à l'objet de toutes leurs fiertés. Les candidates sont impitoyablement passées au crible et, si l'on en juge d'après les commentaires, rarement gratifiées d'une note tout juste honorable. *Divin connard* n'en est que plus ému quand il rencontre une femme qui sait manipuler avec dextérité son précieux appareil : « La semaine a été calme. Vendredi soir, j'ai couché avec cette fille un peu insipide mais qui suçait très bien. À vrai dire, elle branlait surtout très habilement. Il y a sans doute eu dans sa vie cet homme consciencieux qui lui a appris comment marche une verge. Soir après soir, sur le canapé, sous la douche, sous les draps, il a inculqué le bon rythme à son poignet, imprimé la juste pression à sa main. Une belle éjaculation en guise de médaille. Finalement assez peu de femmes rencontrent un mentor de la branlette. La majorité d'entre elles traite notre bite comme un flacon de shampoing presque vide dont on veut extraire absolument les dernières gouttes[12]. »

Écœurement et cynisme

La trop grande facilité du jeu pousse désormais certains à se lancer des défis plus pointus. *BoySesamplay* est fier de sa performance : « Mon plus beau succès grâce à Internet a été de réussir à fixer trois rendez-vous dans la même journée. La première *date* avait eu lieu vers 11 h, puis j'ai posé le second rendez-vous à 15 h et l'autre était le soir à

22 h. Et en plus, c'était toujours juste à côté de chez moi ! J'ai des amis qui surfent sur les sites de rencontre, qui font des rencontres comme moi, mais aucun n'a encore réussi à poser trois rendez-vous galants dans la même journée ! Ça demande une bonne synchronisation quand même et une certaine réussite[13]. » Pour *Divin connard,* c'est encore pire, il ne sait plus trop quoi imaginer pour continuer à se divertir. Pendant un moment, il a eu « une nouvelle obsession : trouver et me taper une femme née le même jour que moi ». Une autre fois, il s'est imposé – très inhabituellement – un délai d'attente, fixé on ne sait trop pourquoi à 23 jours.

« Jour 23 des recherches : je reprends contact et l'invite à une soirée. Elle accepte.

Jour 23 des recherches + 3 heures : je la baise sur le coin de son canapé.

Jour 23 des recherches + 4 heures : elle me suce dans la cuisine.

Il n'y a pas eu d'étincelles quand je l'ai pénétrée et mon cœur ne s'est pas arrêté quand j'ai éjaculé dans sa bouche. Il va encore falloir trouver autre chose. »

Car le jeu n'est pas sans risques. Sa banalisation et sa répétitivité peuvent faire régulièrement baisser la satisfaction ressentie à chaque fois ; il n'y a plus d'effet de surprise. Le joueur se sent moins impliqué. Il continue par habitude, mais n'a plus le cœur à l'ouvrage. La saturation peut même atténuer peu à peu le désir, voire – horreur des horreurs – détraquer l'expression physique de la virilité triomphante. *Divin connard* est justement conduit à ce pénible constat : « Pour le moment, je ne dirige même pas ma queue, qui se montre de plus en plus capricieuse. Je baise une fille deux trois fois, puis c'est la grève. Je blâme ma verge parce que c'est plus facile. Elle a bon dos. C'est un peu comme si ce n'était pas moi. Évidemment le problème se situe davantage au niveau de mon cerveau perverti par des années de pratique sexuelle acharnée. Qu'est-ce qu'il me faut maintenant pour avoir le barreau ? » Les drogués du sexe pour le sexe[14] connaissent l'évolution de toutes les pratiques addictives : moins l'élément extérieur (drogue ou sexe) remplit l'existence, plus la personne dépendante cherche à augmenter les doses ou à multiplier les prises. Avec un résultat inverse de celui recherché. Car, comme le dit très bien *Divin connard*, le problème est dans le cerveau. Plus précisément dans le fait que les gestes effectués ont perdu leur signification, donc leur intérêt. Il n'a même plus l'énergie pour les exécuter de façon un peu convaincue. « J'ai toujours été plus ou moins partisan du moindre effort, mais quand même, j'étais encore capable de fournir la petite poussée qui permettait d'étendre la camelote. Par les temps qui courent, il faut vraiment qu'une fille vienne poser sa chatte sur ma main pour que je commence le travail, et encore. »

L'addiction au *game* n'a généralement pas ces conséquences extrêmes. Dans la plupart des cas, elle produit plus simplement une attitude compulsive (multiplier les rencontres sans en éprouver trop de plaisir), de la fatigue mentale et physique, une moindre présence à la réalité du moment. Et de la désocialisation. Car la multiplication de contacts éphémères ne produit pas du lien, elle coupe des communautés habituelles et peut conduire à l'isolement. Une petite pose dans les rencontres a suffi à *Madametergiverse* pour ressentir la froideur du manque : « Ce que je n'avais ni prévu, ni anticipé, c'est l'insupportable sentiment de solitude que je ressentirais. Oh bien sûr, l'ambiance n'est ni tendue, ni agressive. Elle est juste d'un froid glacial. Je rêve de bras chauds et accueillants. De complicité. De désir. De partage. Et trois semaines sans, ça semble juste interminable[15]. »

Tous désagréments qui n'empêchent cependant pas la

mécanique érotique de continuer à fonctionner. Comme dit *Nick*, tous les problèmes et les doutes « s'envolaient à la seconde où ma main glissait sous une culotte encore inconnue[16] ». Mais l'absence d'implication affective a d'autres effets. À la différence d'*Anadema* ou même de *Nick*, nombre de joueurs se concentrent uniquement sur leur plaisir personnel et sur le jeu en lui-même, veillant d'autant plus à ne pas s'investir émotionnellement que le risque majeur, stoppant net le jeu, est celui de l'engagement, quand une relation finit par s'installer dans la durée. Or, cette indifférence à l'autre se paie au prix fort, celui d'une vision noire et cynique de l'humanité, en particulier des femmes. *PokerMan* dresse le bilan à sa manière : « Ne pensez-vous pas que sur les sites de rencontre, il y a beaucoup plus de nanas moches, idiotes ou pas très stables psychologiquement[17] ? » Celui également d'une attitude utilitariste, directe, grossière. Comme si la Toile était devenue un immense hypermarché où n'importe qui pouvait réclamer n'importe quoi. *Pinklady* raconte ce que lui avait demandé *Beau gosse* : « "Tu n'aurais pas une copine sous la main pour un plan à trois ?" "De quoi, pardon ? Mais je suffis à tous les hommes, moi, monsieur ! En plus, autant j'adore mes copines, autant je n'ai aucune envie de les voir en train de faire l'amour sous mon nez. Même (et surtout) si je suis impliquée dans la partie de jambes en l'air." C'est pas grave, il suggère d'aller dans un club échangiste. Ben, non, toujours pas. Et là, je sens que son intérêt pour ma personne s'émousse au fur et à mesure de mes non. » *Pinklady* passe de la surprise à la colère. « Sur le coup, j'étais un peu dépitée puis je me suis retrouvée énervée. Je ne suis pas une pute, monsieur, on ne me commande pas des prouesses sexuelles. Et je ne suis pas non plus une fin de série, on ne couche pas avec moi parce qu'il n'y a rien d'autre sous la main. Y a qu'à voir mon livre d'or, je suis une déesse du matelas. » Conclusion : « On classe le dossier dans la rubrique connard[18]. »

Ces dérives égoïstes du sexe-loisir sont très mal perçues par une majorité de femmes, qui se disent que décidément les hommes ne changeront jamais. Elles ont trouvé un mot pour qualifier ceux qui se rendent coupables de telles impolitesses : ce sont les « connards[19] ».

Chapitre 8

L'imbroglio sexamour

Un peu d'amour

Le *game* peut amuser un temps. Mais, très vite, il montre ses limites. Même le plaisir, seul but recherché, n'est plus vraiment au rendez-vous. Quant au cynisme et à l'utilitarisme ambiants, ils finissent par écœurer tous ceux qui ont un minimum d'humanité. Trop de froideur et de détachement mènent à un exercice qui ne donne rien de bon. Si le sexe-loisir peut être un jeu, il doit s'inventer sur d'autres bases, faisant place à un peu d'amour. Ou du moins, si le mot fait peur, à de l'affection, de l'attention au partenaire, qui n'est pas un simple objet de plaisir mais un être humain. Alors, la micro-aventure de la rencontre peut devenir tout autre chose : un arrachement à l'ordinaire dans la découverte d'un monde inconnu (un peu comme dans la tradition romantique), une bulle de bien-être à deux qui entraîne loin de l'univers habituel.

Le problème est que cette dose d'affection risque, à tout moment, d'engager vers une relation qui s'installe. Or, le sexe vécu comme un loisir ne parvient justement à se développer que dans la mesure où il est clairement séparé de l'engagement amoureux. Comment parvenir à être si proche voire passionné juste pour un instant ? Puis d'oublier et de passer à une autre personne ? Telle est la difficulté à résoudre et elle est rarement bien résolue. Dans les rencontres incertaines d'aujourd'hui, plaisir et sentiment ne cessent de fluctuer de façon insaisissable. Quand l'un des deux partenaires ne pense qu'au sexe, l'autre est peut-être en train de rêver d'amour ; quand l'un croyait n'être intéressé que par son propre plaisir, il se trouve être pris par le sentiment. Dans une même rencontre, autour du verre ou plus tard dans le lit, les élans émotionnels, difficilement contrôlables, naviguent entre plaisir et sentiment. Surtout quand l'idée est d'ajouter une dose d'affection.

Il faut donc trouver comment être affectif sans s'engager, inventer, d'une certaine manière, l'art de l'amour ponctuel. Tenter de stabiliser le nouvel espace émotionnel qui s'installe dans les rencontres online. En d'autres termes, alors que sexe et amour ne cessent de créer du trouble par leurs mouvements incontrôlables, il faudrait essayer, au contraire, de former une nouvelle entité qui les stabilise et les associe de façon spécifique : le sexamour. L'enjeu est considérable. Car, si une telle entité parvenait à s'établir, elle pourrait apparaître comme une alternative relationnelle sérieuse au couple classique et questionner la fidélité. Réaliser l'utopie d'un monde amoureux ouvert, sans mensonges ni conflits[1]. Là où le *game*, pour les accrocs compulsifs, peut au contraire désocialiser et conduire à la solitude. *Nick*, *Anadema* et bien d'autres formulent une proposition : que le contrat soit très clair dès le début (un CDD amoureux en quelque sorte). La garantie de non-engagement, certifiée par les deux partenaires, permettant de s'investir émotionnellement (presque) sans réserve. De jouer à s'aimer, mais pour un temps donné. Hélas, une telle maîtrise émotionnelle est bien difficile à appliquer. Elle est, par ailleurs, réservée aux joueurs qui multiplient tellement les rencontres qu'ils ont moins le loisir de s'installer dans une relation. Même *Nick,* cependant, fut plusieurs fois assailli par le doute : il tombait amoureux. *Madametergiverse* explique combien l'exercice (s'interdire d'aimer trop) est pénible. Le risque serait très grand : « Parce que ça serait ingérable. Parce que je ne veux pas compliquer ma vie plus qu'elle ne l'est déjà. Parce que je sais que je suis déjà sur le fil. Malgré tout ce que j'ai envie de te donner, je ne dois pas tomber amoureuse de toi[2]. »

Non, décidément, il faut trouver autre chose. *Marion* avance l'idée du réseau.

Le P.C.R.A.

C'est un texte outrancier de *Ra7or* qui avait tout déclenché. *Ra7or* est un chasseur extrême, qui affiche ouvertement indifférence et mépris pour ses proies féminines. Voici un passage de sa prose, parmi les plus modérés : « Malgré les apparences, un plan cul n'est pas comme une fille normale. Ça en a les attributs physiques mais pas les bienfaits psychologiques. Parce que les définitions sont un peu embrouillées ces jours-ci, *Ra7or* vous remet dans le droit chemin et vous aide à fixer les limites à imposer à vos plans cul. Pour ne pas risquer le borderline. Il faut savoir ce que vous voulez... Une relation qui soit cool, pour parler, pour avoir des câlins ? Pour cela il vous faut une vraie petite amie. Avec des bras en plus du vagin. Ça s'appelle "s'investir", comme dans "investir" ses fonds personnels. C'est chiant lorsqu'il s'agit d'un plan cul, agréable s'il s'agit de votre petite amie. La sensation de retour sur investissement est très différente. L'épanouissement, le bien-être. Un verre, un restau avec un plan cul, c'est clairement de l'argent gâché. » Très soucieux de ses petites économies, *Ra7or* déconseille le sexe chez soi. Il préfère « l'option nuit chez la fille. Tu peux te barrer quand tu as fini, tu as autre chose à faire, et si ça la rend triste, au moins c'est son Nutella qu'elle va engloutir à la cuillère et non le tien. Gagnant-gagnant qu'on dit dans le business[3] ».

Marion fut scandalisée. Non par l'idée d'un plan cul stricto sensu, « ne faisons pas les oies blanches, ce plan cul-là, on l'a tous pratiqué. Ramasser son string et puis partir, un bisou sur le front (quand même on n'est pas des sauvages), et puis on retourne voir son chat ». Mais pas la conception insupportablement cynique, sans la moindre goutte d'humanité, sans un gramme d'affection, « la déclinaison pure et brute de la chose. Le plan cul et picétout. Pas de câlins, on dort pas sur place, pas d'effusion en public. Même si on ne connaît personne, on ne s'attache pas ». *Marion* imagine alors une théorie radicalement inverse : le P.C.R.A. (Plan Cul Régulier Affectif). Le P.C.R.A. est d'abord affectif, à l'opposé de l'utilitarisme distant et cynique : « C'est subtil. On se fait des câlins, on couche ensemble, accessoirement on papote, on rigole, on discute, on va boire des bières. » Une bulle de bien-être à deux, en sus du plaisir. Mais il est aussi régulier (là aussi à l'opposé du one shot), s'installant dans la durée. Ce qui implique simplement de respecter certaines règles. « Il y a un mais. Ce garçon-là, on ne l'intègre pas à notre vie, et lui non plus, on ne connaît ses amis que de nom, voire de réputation. On sait juste, l'un comme l'autre, que ce que l'on partage à l'instant T est suffisant. Pas envie de se voir tous les soirs, pas envie d'avoir à introduire une multitude de contraintes (quotidien, exclusivité, fidélité...) dans cette histoire qui est très bien comme ça. » Le P.C.R.A. s'inscrit dans un réseau cloisonné, sans amalgame avec les autres cercles de socialisation. Il est à la fois potentiellement toujours là quand on le désire (si lui-même est disponible), et ailleurs, dans un monde à côté, caché dans l'anonymat de la Toile. Il est un hybride, ami-amant, marqué clairement par une caractéristique : ce n'est pas l'homme ou la femme de sa vie. « Il est très bien comme ça, mais c'est juste pas celui qu'il faut, que ce soit une affaire de personne, ou bien de moment[4]. »

Quant au difficile problème posé par l'assemblage de l'affection et du refus d'engagement, c'est justement le réseau, la multiplicité des liens entretenus en parallèle, qui aide un peu à le résoudre.

De nouveaux ex?

Entretenir un réseau de type P.C.R.A. change complètement la vision que l'on peut avoir de ses ex. Quand ils ne sont pas immédiatement oubliés, les ex sont traditionnellement des personnes avec lesquelles les relations sont difficiles. Plus l'histoire commune s'est prolongée, plus la rupture et ses drames alimentent la mémoire : on se souvient surtout de ce qui s'est mal passé. *Kilgore* sent que ses anciennes partenaires, quand il les croise, cherchent à l'éviter[5]. *Neoryuki* a revu une seule fois une ex-petite amie : « Juste par vengeance, histoire de casser le gars pour qui elle m'avait plaqué. Et au passage lui faire tout ce que j'avais jamais osé lui faire avant, soit par pudeur soit par respect. » Y compris des gestes sadiques. « Une bonne nuit de sexe bien bestial comme tu n'oses jamais le faire avec une personne pour qui tu éprouves des sentiments[6]. »

Le réseau d'amis-amants change la donne. Les mauvais souvenirs liés à la rupture sont évacués puisqu'il n'y a pas eu de rupture. Des éloignements parfois, de lentes disparitions. Mais sans cris et sans larmes. Des contacts apaisés, presque sereins, voire complices. Parce qu'ils n'interfèrent pas avec les connaissances de la vie officielle, qu'ils restent dans le monde à côté.

Renouer ponctuellement avec un ex est une pratique en développement dans les plus jeunes générations[7]. Nous assistons donc là aussi à une banalisation (l'ex devient une personne comme les autres) qui pacifie les relations. Permettant, par exemple, de continuer à être amis quand on a été amants. Mais il ne faudrait pas exagérément embellir le paysage. Surtout dans le cadre d'un réseau de ressources affectives pouvant être idéalement mobilisées selon les désirs. Ce n'est pas si simple.

D'abord cela demande une importante capacité d'organisation. Il faut savoir gérer son portefeuille de relations parallèles ; avec doigté, sans faire d'erreurs. Par ailleurs, plus le réseau s'élargit et s'installe dans la durée, plus il sera difficile ensuite de couper les liens et de tout oublier le jour où l'on croit avoir rencontré l'homme ou la femme de sa vie. *Pom'damour* n'a pu se résoudre à tout abandonner : « Avec mes ex 100 % sexe, je leur ai carrément dit : "salut les mecs, je tourne la page, *Pom'damour* est partie pour de nouvelles aventures. Merci, c'était bien. Ciao et bonne chance à vous !" Avec *Miko,* pas question. Avec lui ce n'est que de la tendresse, mon copain-confidences, c'est presque comme une copine (ce n'est pourtant pas une fille, j'en ai eu la preuve !). Juste un bisou, un petit câlin quand ça va pas trop. Ce n'est quand même pas trahir que de garder ses amis ![8] »

Le plus dur, dans le réseau, est de parvenir à articuler les demandes ponctuelles des uns et des autres. Souvent, le besoin d'une rencontre se fait soudainement sentir, et un message est envoyé à X ou à Y pour savoir s'il est disponible. Mais le besoin en question varie (sexe, tendresse, une simple présence) et n'est pas toujours explicité. Par ailleurs, X ou Y, quant à eux, même s'ils sont disponibles, n'ont peut-être pas du tout la même envie à cet instant précis. De simples réglages des lieux ou des horaires peuvent s'avérer difficiles à mettre au point. *Lademoisel-letéméraire* (qui ne voulait pas quitter trop vite ses amies avec qui elle s'amusait) peut en témoigner. « Dès 21 h 30, il prend contact : "T'es où, tu viens toujours à la maison ? Je suis crevé, je vais me coucher, dépêche-toi !". Il devient lourd, il n'était que 21 h 30, j'étais bien où j'étais. Finalement, vers 23 h 00 j'arrive chez lui, il est déjà au lit, à moitié endormi. Je m'allonge à côté de lui, il se plaint, j'ai trop picolé (eh oui, un anniversaire ça se fête). Il m'emmerde. Je n'ai même pas voulu l'embrasser, je me suis endormie et je me suis sauvée à 6 h 30. Je ne compte pas le revoir. Pour de bon cette fois-ci[9]. »

Le plus gros décalage entre les attentes des uns et des autres concerne bien sûr la question de l'amour, qui menace à chaque instant de ressurgir. Car plus on se sent bien avec un contact du réseau, plus l'envie tenaille de rompre le contrat qui disait que jamais, ô grand jamais, l'on ne s'engagerait. *Lademoiselletéméraire*, qui a définitivement dit adieu à son ex-ami couche-tôt, rêve en secret de changer la donne avec un autre et de l'installer dans sa belle maison, où elle commence à sentir seule : « Le problème d'une relation "relax", "sans futur", "pour s'amuser", c'est qu'après une bouteille (ou deux) de vin, dans un cadre superbe, on se dit que ça serait quand même bien d'être à deux pour en profiter ensemble. Sauf qu'on ne peut pas appeler l'autre, parce que ce n'est pas du "sérieux". J'aimerais bien moi, l'appeler, lui envoyer un texto pour lui dire qu'il me manque et que j'aimerais qu'il soit dans mon lit ce soir, me réveiller à ses côtés demain, faire bronzette au bord de la piscine, déjeuner à l'ombre de ma terrasse pour ensuite partir faire la "sieste" provençale… Mais je ne peux pas. Je reste stoïque, de peur de l'effrayer. »

Le couple n'est pas mort

Les rencontres online ont provoqué un choc considérable dans le paysage amoureux ; rien ne sera plus comme avant. Protégé par l'anonymat du « monde à côté », un nouvel espace du sexe considéré comme un loisir s'est établi : on programme une nuit chaude comme on irait au cinéma ou au restaurant. Charles Fourier en aurait rêvé : l'utopie d'un *Nouveau Monde amoureux*, plus libre et ouvert, se présente aujourd'hui comme pouvant briser le monopole conjugal[10]. Le développement régulier du nombre des célibataires à travers le monde montre d'ailleurs que le couple à long terme est sérieusement remis en cause.

Et pourtant il résiste. Parfois par simple habitude, par paresse, par peur de l'aventure ; on se raccroche à l'autre parce que la vie est froide et dure au dehors. Mais aussi pour deux grandes raisons, qui ont beaucoup d'avenir. L'enfant, d'abord. Le désir d'enfant, passé les plus folles années de la jeunesse, continue à surgir du plus profond de soi, irrépressible. Or, c'est souvent plus commode d'être à deux. Beaucoup de femmes en particulier, passé la trentaine, cherchent moins un prince charmant qu'un futur père. Plus question de diluer tout cela dans un réseau, il faut au contraire former une équipe soudée et performante : le couple parental. Centrée sur l'objet presque unique de toutes leurs attentions. Même les questions du sexe d'ailleurs vont tendre à passer après.

La seconde raison est ce qu'apporte l'exclusivité conjugale à l'individu : la « règle d'or » de la confiance mutuelle et de la reconnaissance réciproque[11]. Quoi que fasse le conjoint, quoi qu'il dise, il a raison et ses faits et gestes sont dignes d'être admirés. Nous sommes son soutien inconditionnel, son fan absolu. Dans un monde de plus en plus critique et cruel dans ses jugements, psychologiquement éprouvant, la confiance mutuelle apporte du réconfort et reconstitue l'estime de soi. Alors que le sexe-loisir a pour condition le non-engagement, le couple se fonde sur un principe d'exclusivité durable qui génère de la reconnaissance mutuelle prioritaire : notre partenaire passe toujours avant et est considéré mieux que les autres, même par rapport à nos amis proches, même par rapport à nos parents. D'un côté, des relations ouvertes et changeantes, soumises aux désirs de l'instant ; de l'autre un pacte fermé dont la vocation thérapeutique dépend justement de la fermeture exclusive. C'est ce qui explique qu'il soit si difficile de mélanger les deux systèmes relationnels et que les élans amoureux provoquent très vite des perturbations et des dysfonctionnements dans le monde à côté du sexe-loisir. Il y a concurrence entre deux principes incompatibles.

Le mélange des contraires ne se produit généralement qu'aux marges et de façon secrète. Dans l'univers du sexe-loisir, *Lademoiselletéméraire,* n'osant pas avouer qu'elle est amoureuse, se contente de rêver ; et dans le couple installé, la grande tradition des maîtresses et des amants a depuis longtemps fait le bonheur du théâtre de boulevard. Mais aujourd'hui, à l'époque où le sexe s'affiche comme une technique de plaisir et de bien-être ordinaire, pacifiée, banalisée, les couples légitimes aspirent à y avoir droit à l'égal des célibataires qui multiplient les rencontres online. À leur manière, bien sûr, c'est-à-dire autant que possible dans le respect de l'engagement exclusif. Par toute une série de nouvelles techniques ou substances (lectures, films, consultations de sexologie, sex toys, Viagra, etc.), ils tentent de réinventer un système de gestes guetté par la routine[12]. S'aventurant parfois aux limites, voire au-delà, du pacte d'exclusivité. Dans l'idée d'avoir des écarts avoués[13]. Ou de tenter des expériences à deux. C'est ainsi, par exemple, que l'échangisme a connu depuis peu une relative gloire médiatique. Le principe exprimé par les participants est bien celui-là : redynamiser leur couple par un sexe-loisir ouvert et diversifié[14].

Le sexe n'est pas un loisir comme les autres

Mais, à y regarder de plus près, ce sont surtout les hommes qui ont l'idée. Les femmes acceptent le plus souvent sans grand enthousiasme, par peur de décevoir, voire de perdre leur mari. Dans son enquête sur l'échangisme, Daniel Welzer-Lang donne cet exemple d'un couple qu'il a interrogé[15] :

Question : « Y avait-il des difficultés dans vos relations sexuelles ? »

Lui : « Moi, côté sexe, j'ai toujours été un petit peu olé olé et c'est vrai que ça, c'est pas toujours facile. »

Elle : « Oui, c'était le grand manque en fin de compte pour toi… »

Question : « Et vous parliez ensemble des manques ? »

Lui : « Oui. »

Elle : « Oui beaucoup, sauf que, c'est vrai, ça me dérangeait et ça me blessait, je pleurais à chaque fois. »

Lui : « Je pense qu'elle avait le sentiment de ne jamais me suffire, si je veux résumer. »

Elle : « Oh oui, c'est ça, oui, oui. »

Lui : « Moi je suis comme ça. »

Elle : « Mais je n'arrivais jamais à savoir ce qui, au fond, lui manquait, j'avais l'impression que toutes les autres femmes avaient ça mais pas moi. Moi ça me faisait peur. Peur d'être en danger, de le perdre, de vivre des choses que je n'ai pas envie de vivre, de ne pas suffire, de ne pas être à la hauteur, et puis, en fin de compte, je vois que tous les autres vivent exactement la même chose, la même peur. »

Ce décalage initial entre les hommes et les femmes s'avère souvent problématique par la suite. Pascale explique : « Plus j'acceptais d'en faire, plus il en voulait, c'était jamais assez[16]. » Son mari ne se plaçait plus dans la perspective de la dynamisation de son couple, mais bel et bien de son seul plaisir, sans considération pour les attentes de sa femme. Face au refus de celle-ci d'aller au-delà de trois ou quatre « fêtes » par an, il ne tarda pas, très classiquement, à prendre des maîtresses. La libération du sexe avait tué le couple.

Car, aussi banalisé soit-il, le sexe n'est pas et ne pourra jamais être un loisir comme les autres. Il ne fonctionne en fait de cette manière que dans des cadres précis. Soit en dehors du couple (pour des célibataires ou des personnes mariées). Mais il doit alors respecter le principe du non-engagement et contrôler les élans amoureux ; tout en évitant aussi à l'inverse un égoïsme utilitariste trop prononcé. Soit à l'intérieur du couple. Mais ce ne peut être alors que dans l'optique claire de renforcer ce dernier, à partir d'un désir égal des deux partenaires.

Sexe, mensonges et Internet

Or Internet a rendu incroyablement plus facile la trahison sexuelle et amoureuse. L'homme marié a trouvé un deuxième souffle. Officiellement déclaré célibataire, il est un usager assidu des sites de rencontre, juste pour fantasmer… ou plus si affinités. Une enquête américaine évalue la proportion d'hommes mariés à 23 %. Quant aux femmes qu'ils rencontrent, elles les imaginent encore plus nombreux, et déclarent qu'ils sont sans doute près de 50 % ! Forte de son expérience, *Canalchris* s'inquiète même pour la solidité des couples, et lance en direction des femmes mariées un vibrant appel à la méfiance : « Maintenant, il y a Internet. Même au fin fond d'un village perdu, vous n'êtes plus à l'abri. C'est sous votre toit que ça se passe. Méfiance. Y a plein de signes avant-coureurs. Si, à peine le dîner terminé, votre mari se précipite sur son ordi, posez-vous des questions. S'il y est encore à 2 heures du mat, et s'il panique quand vous entrez dans la pièce, vous êtes perdue. S'il y passe ses week-ends, vous savez ce que j'en pense. J'en sais quelque chose. En deux mois, je les ai testés, les maris internautes. Mettez-vous à sa place. Il se choisit un joli pseudo, il se rajeunit de quelques années, il se grandit de plusieurs centimètres, il se remet au sport, il se prend lui-même en photo dans son jardin… et hop, il a toutes les p'tites nanas de la planète autour de lui. Toutes plus belles les unes que les autres. Elles ont toutes envie de le connaître. Et plus si affinités. Elles viennent le chercher jusque dans sa maison. Lui. Votre mari. Sachez qu'il a créé une boîte mail perso exprès pour les rencontres. Un mari internaute, c'est malin. Alors vous ne saurez jamais rien. »

Pourtant, quand on interroge les gens, à notre époque de nomadisme sexuel grandissant, ils affirment avec force leur attachement à la fidélité. Cette valeur n'est pas, comme on le croit trop souvent, une simple obligation morale, résidu d'une longue tradition, et qui se perpétuerait un peu par conformisme. Parce qu'elle est au cœur du mécanisme conjugal le plus important, et qui ne cesse de se renforcer aujourd'hui : le pacte de reconnaissance privilégiée. Le couple se construit de plus en plus comme un monde à part, de renforcement psychologique mutuel, contre le reste du monde. Le sexe, qui y occupe une place symbolique centrale, ne saurait être tenu à l'écart de cette règle essentielle. C'est pourquoi tant d'essais d'une sexualité ouverte sur d'autres partenaires ont échoué et continuent à échouer. L'échangisme notamment, au-delà de son éclat médiatique, ne touche en réalité que très peu de personnes[17].

Entre deux injonctions contradictoires (les attraits du nouveau sexe-loisir banalisé, fortement médiatisé, et la promesse de fidélité au cœur de l'engagement), que se passe-t-il alors pour les couples ? Deux options seulement : la loyauté sincère ou la trahison secrète. Comme il en a toujours été, bien sûr, amants et maîtresses ne datent pas d'hier ! Mais de façon totalement renouvelée depuis qu'Internet a bouleversé les rencontres amoureuses.

D'abord, par la déconcertante facilité de la chose. Il suffit de savoir manier un peu l'instrument pour demander ce dont on a envie au moment où on le souhaite. Le tout garanti par l'anonymat. « L'infidélité assistée par ordinateur » est une « tendance émergente qui a le vent en poupe[18] ». Depuis peu, on voit même apparaître des sites qui s'adressent spécifiquement aux gens vivant en couple et qui proposent de petites incartades libertines (en cachette du conjoint). *The Ashley Madison Agency* par exemple, dont le slogan est « La vie est courte, ayez une liaison », revendique aux États-Unis 4,5 millions de membres. Il suffit de payer un abonnement pour recevoir (discrètement) un certain nombre de contacts correspondant aux demandes. Fonctionnant de la même manière, un nouveau site, *Gleeden* se présente ainsi : « *Gleeden* est la plateforme communautaire entièrement dédiée aux personnes mariées ou en couple qui cherchent à faire de nouvelles rencontres extraconjugales. » Dans cet hypermarché de la rencontre s'adressant aux couples, et garantissant le secret, le consommateur sera satisfait : « Soyez exigeants : *Gleeden* anticipe vos envies et met en place pour vous un système où vous payez uniquement ce que vous consommez ! Et ceci sans limite de temps, à votre rythme ! *Gleeden* propose jusqu'à six packs de crédits différents pour répondre aux multiples envies des un(e)s et des autres : trouvez ce qui vous plaît ! » Quant aux célibataires, ils se déclarent très intéressés par cette extension du marché. La personne mariée a en effet un avantage considérable dans l'optique du sexe-loisir : tenue par son engagement habituel, elle est beaucoup moins sujette aux élans amoureux. Elle n'est vraiment venue ici que pour un moment de plaisir.

L'essor de la trahison amoureuse online est tel que de nouvelles techniques (d'espionnage et de repérage) apparaissent pour tenter de contrer ce nouvel ennemi du couple[19]. Mais elles butent sur une difficulté : la plupart des rencontres Internet sont éphémères, et les one shot sont même légion. Sur ce point aussi, Internet est en train de révolutionner la trahison amoureuse, en ringardisant l'amant ou la maîtresse d'autrefois. Là où la « liaison[20] » clandestine se vivait comme une histoire parallèle, davantage centrée sur le sexe, mais parfois avec les routines et les petits agacements de tout couple s'installant dans la durée, la Toile offre la diversité des aventures fugaces ; un zapping bien dans l'air du temps.

Sexe/amour : le renversement historique

J'ai expliqué plus haut comment le sexe s'était historiquement séparé du sentiment, installant peu à peu son autonomie, puis se développant dans un nouvel espace de loisir banalisé. J'ai signalé ensuite que tout n'était cependant pas si simple, notamment autour de la question de l'engagement conjugal. Il faut maintenant aller encore plus loin et souligner un paradoxe.

Autrefois, notamment dans l'idéal romantique, tout commençait par le sentiment, qui entraînait vers le désir. L'amour menait au sexe (en passant par le mariage). Aujourd'hui, le paysage amoureux se présente comme séparé en deux : soit l'on s'adonne gaiement au sexe-loisir, soit l'on choisit de s'engager durablement. Dans la première hypothèse, l'essentiel de l'autocontrôle porte justement sur la conjuration de l'engagement : on s'interdit de tomber (trop) amoureux. D'où les nombreux distinguos que nous avons souvent vus à l'œuvre : on couche le premier soir avec une personne qu'on ne reverra plus, pas si l'on éprouve du sentiment. Sur les sites de rencontre, la confusion est très fréquente dans les esprits : est-on en train de rechercher l'« âme sœur » ou cherche-t-on juste à passer un bon moment ? Bien que les pensées soient souvent floues et changeantes, les efforts de catégorisation sont permanents. On veut ranger clairement son attente du moment dans l'une ou l'autre des deux options (« pour le fun » ou « sérieux »), car elles impliquent un comportement différent.

Or, la situation a ceci d'ironique et d'étrange que c'est fréquemment l'inverse de ce qui est pensé qui se produit : le sérieux ne débouche sur rien de sérieux, alors que le fun peut y mener. Eva Illouz souligne un des aspects du paradoxe. La rencontre sérieuse, notamment sous l'impulsion d'Internet, prend de plus en plus la forme d'un marché où l'on cherche le produit idéal tout en se vendant soi-même. Elle donne l'exemple de *Galia*. Elle déteste les rencontres après une prise de contact sur la Toile. Car il faut qu'elle fasse son « petit numéro de vendeuse ». Et elle sent que ceci l'incite à se travestir : « Je suis quelqu'un de très sincère. Mais dans ces rendez-vous, je souris beaucoup, je suis très très très gentille. Je n'exprime aucune opinion extrême ou tranchée, alors que j'ai des opinions très tranchées et que je suis extrémiste. » Elle conclut : « Je le fais parce que je veux vraiment rencontrer quelqu'un et parce que j'en ai marre d'être seule. » Mais, « dans 99 % des cas, je ne m'amuse pas, tout simplement[21] ». Et sa recherche reste vaine.

À l'inverse, le fun pousse à se présenter tel que l'on est puisque ce n'est pas « sérieux », voire à exprimer des désirs secrets, à ne pas s'enfermer dans une carapace défensive. En un mot, à se lâcher. Et à fonctionner au feeling plutôt que sur la base d'une froide évaluation du produit idéal. C'est ainsi que les émotions s'épanouissent et sont susceptibles d'entraîner bien au-delà de ce que l'on avait pensé au départ. Que des engagements conjugaux prennent leur origine dans un jeu sexuel que l'on croyait sans enjeux. Alors qu'autrefois l'amour menait au sexe, nous assistons à un véritable retournement historique : désormais c'est le sexe qui peut mener à l'amour. Même quand il cherche à s'en défendre, dans les nouveaux espaces de loisir qui lui sont dédiés.

Le sexe n'est donc vraiment pas un loisir comme les autres. Le séparer totalement du sentiment, qui rejaillit là où on ne l'attendait pas, est tout simplement impossible. L'idée qu'il puisse y avoir deux catégories très tranchées n'est qu'une illusion. Le sexamour se définit au contraire par son ambiguïté permanente. Cela ne rend évidemment pas toujours la vie facile. Surtout pour les femmes.

TROISIÈME PARTIE

Les femmes, le sexe, l'amour

Chapitre 9
Jouir sans entraves ?

Liberté surveillée

Le monde « à côté » d'Internet entraîne dans un univers parallèle complètement différent, qui a ses propres règles. Tout ce qui, dans la vie habituelle, arrime les identités à des pesanteurs sécurisantes mais enfermantes est soudainement levé. L'individu devient plus libre qu'il n'a jamais été, plus autonome, égal à tous les autres. Quels que soient sa classe sociale, sa religion ou son sexe. Plus d'interdits ni de tabous sur la Toile (ou beaucoup moins) et un refus proclamé des stéréotypes. Le monde « à côté » se déclare ouvert et libre, sans préjugés. Les femmes en particulier sont invitées à y affirmer leurs désirs comme le font les hommes.

Nous avons vu qu'en réalité tout n'était pas toujours aussi simple, et que la menace planait d'être traitée de « salope » dans les zones du Net (notamment des forums) qui se donnent pour tâche d'inventer la morale de demain. L'aspiration à l'autonomie et à la liberté radicales ne représente en effet que la partie la plus visible de la Toile, très active, mais qui masque son contraire : la fabrique de nouvelles normes, impliquant des jugements abrupts. Des jugements qui plongent dans le réservoir des vieux stéréotypes. La femme, pourtant invitée à exprimer sa liberté, devient comme autrefois une « salope ». Quand l'insulte est lancée, le déplaisir se mêle à l'incompréhension. Pourquoi, mais pourquoi diable cette injustice millénaire ressurgit-elle encore ? Pourquoi l'homme peut-il se permettre ce qui officiellement n'est plus interdit à la femme mais concrètement pour elle reste risqué ? Y compris sur la Toile, qui affirme pourtant que chacun ou chacune, dans une quête de vérité absolue envers lui-même, a le droit de tout dire, de tout demander.

Les femmes ne se laissent pas faire. Protégées par leur pseudonyme, elles contre-attaquent. Et dénoncent les calomniateurs, avec souvent d'assez bons résultats (souvenons-nous de *Stephie22*, qui ridiculisa *Étienne*). La guerre des « salopes », pour la liberté et l'égalité, fait rage sur la Toile. Mais le monde « à côté » ne se résume pas uniquement aux échanges en ligne. Il y a aussi la rencontre. La rencontre est une sorte d'hybride qui se situe dans la *real life* (de façon plus intime et charnelle que bien des réalités ordinaires), tout en demeurant dans le monde « à côté », loin des obligations et des conventions qui structurent la vie de tous les jours. En théorie, les règles énoncées en ligne sont censées s'y appliquer. Or, dès la scène du café, ce n'est pas du tout comme cela que ça se passe. Il suffit que les corps entrent en scène pour que toute une longue mémoire historique que l'ont croyait enfouie remonte à la surface. Et imprime sa loi : l'homme prend l'initiative de la séduction. La femme lui répond par des signes, l'invitant à poursuivre (ou à conclure que « c'était sympa, mais ce n'était qu'un verre »). Quand il y a une suite que l'on souhaite heureuse, un peu plus tard, dans le lit, les femmes pourront beaucoup plus facilement libérer leur volonté d'initiative. Mais à ce moment précis des premiers gestes de conquête, le passé pèse trop lourd pour être effacé aussi facilement.

Les lourds stéréotypes du passé ressurgissent et s'imposent dans quelques contextes précis, des scènes codifiées, des gestes à la mémoire longue (alors que la liberté de s'inventer devient plus grande ailleurs). Ou dans des schémas d'attitude plus généraux. Depuis des siècles, hommes et femmes ont une vision différente de la sexualité, différence qui aujourd'hui s'atténue sans vraiment disparaître[1]. Les hommes sont excités à l'idée du pur plaisir sans suites relationnelles ; ils sont depuis longtemps des adeptes du sexe pour le sexe. Les femmes découvrent cette possibilité depuis peu. Tout simplement parce que cela leur fut autrefois interdit : leur rôle était d'être le pivot de la famille, et elles devaient s'y engager corps et âme[2]. Quand elles acquirent le droit au plaisir, celui-ci ne pouvait être délié de l'amour et de la famille. L'ensemble faisait bloc. Les hommes avaient été historiquement construits comme pouvant séparer les choses ; les femmes au contraire pour les unir dans un seul élan. Et il en reste encore aujourd'hui des traces : elles tombent plus facilement amoureuses.

Les hommes seront toujours des hommes

À l'opposé, les hommes continuent à être, davantage que les femmes, de purs chasseurs sexuels. Qui trompent l'adversaire le temps de la séduction, laissant vaguement entendre qu'ils pourraient être amoureux. Puis s'en allant sans trop d'égards une fois leur plaisir obtenu. La désillusion est souvent amère chez les éconduites. *Pretty-Sophie* était tout heureuse de pouvoir rester chez son Roméo : « Au petit matin, il m'a dit : “Je pars une petite heure seulement puis je reviens pour 11 heures, tu peux rester ici le temps que j'aille voir mon client.” Tout se passait nickel chrome, j'étais aux anges : un mec qui me réserve du temps sur son planning de boulot et qui me fait confiance à ce point-là en me laissant son appart. Le gars m'a laissé seule chez lui sans appréhension : à coup sûr je lui ai plu ![3] » Hélas, *Pretty-Sophie* devait rapidement déchanter. « Je me décidais à aller consulter mes mails, je vais donc sur son ordi qui était à moitié allumé... Quand soudain sa boîte mail Outlook se lance. Je me dis qu'il ne faut pas regarder ses mails car cela ne se fait pas mais ma vilaine curiosité l'emporta. Et là j'aperçus l'Horreur avec un grand H !!! Il y avait plus de 60 mails de nanas réceptionnés ! Dans les messages envoyés, idem ! Des mails et des mails de correspondantes sur Internet. Il entretenait des correspondances avec au moins 40 nanas ! J'étais folle et trop dégoûtée ! J'ai tout fermé, j'ai pris mes affaires et je me suis barrée. J'ai même pas pu fermer à clé la porte derrière moi, il ne m'avait pas laissé les clés. »

Les femmes ont envie d'être séduites. Aujourd'hui comme hier. De s'entendre dire qu'elles sont belles, dignes d'intérêt, désirables. Comment ne pas souhaiter de telles paroles, qui renforcent l'estime de soi ? Comment ne pas se laisser aller à croire le premier bonimenteur venu ? Ensuite hélas, l'amertume est toujours la même, ainsi que l'agacement de s'être encore laissée prendre : non, décidément, les hommes seront toujours les mêmes. Tout se passe comme si la vision féminine des hommes fonctionnait en deux temps, accentuant et clivant la dualité masculine.

Les hommes changent actuellement, dans de nombreux domaines : ils sont plus attentifs à leur corps, ouverts au sentiment, complices et affectueux envers leurs enfants, etc. Mais cette évolution reste inégale. Ils ne sont toujours pas très motivés par les tâches ménagères[4] et restent enclins à séparer sexe et sentiment. Face à une réalité aussi hétérogène et complexe, les femmes ne peuvent trop entrer dans les détails. Elles jugent donc d'un bloc, faisant alterner les phases de fascination naïve, et celles où, au contraire, elles renvoient les hommes à leurs atavismes indécrottables.

J'avais remarqué une telle alternance dans une enquête menée sur le thème des seins nus à la plage. Question posée aux femmes : pensaient-elles que les hommes avaient des pensées érotiques en regardant les corps féminins dénudés ? Elles m'avaient répondu en m'expliquant le nouveau code du regard balnéaire, qui réellement modifiait les choses, au moins en surface. Un code raffiné, semblable à la sublimation esthétique du nu, sauf qu'il débouchait ici plutôt sur une banalisation : les hommes ne faisaient plus attention, parce que tout cela était devenu commun et normal. Leur détachement conditionnant d'ailleurs la liberté corporelle des femmes. Donc les hommes étaient devenus indifférents. Mais ne continuaient-ils pas malgré tout un peu à regarder de façon intéressée ? À peine cette nouvelle question était-elle posée que mes interlocutrices me répondaient d'une même voix, sur un ton d'évidence : « Oh si, bien sûr, les hommes resteront toujours des hommes ! »

Pretty-Sophie et bien d'autres vivent continuellement des revirements semblables, encore plus radicaux. Car il ne s'agit pas ici d'un simple regard : le Prince charmant d'un soir se transforme en vilain crapaud. L'ex-amoureux a soudain autre chose à faire, et en oublie même toute politesse élémentaire au moment de dire que c'est fini. Écœurement, révolte confuse. Les femmes, qui se font traiter de « salopes » quand elles osent parler trop ouvertement de sexe sur la Toile, sont au contraire rejetées quand elles affichent un attachement sentimental. Décidément, nous sommes très loin de l'égalité !

Liberté, égalité, sexualité

Un mot sur l'égalité hommes-femmes. Ce principe démocratique est désormais partagé par tous ou presque, et il s'agit d'un beau progrès. Les avancées ont été considérables depuis un demi-siècle, et c'est très bien ainsi. Hélas, il reste quelques points de blocage extrêmement puissants, qui hypothèquent fortement l'avenir (il n'est pas du tout sûr que nous continuions à progresser vers l'égalité dans les prochaines années)[5]. Les blocages les plus forts ne sont pas là où on les situe trop souvent. Certes, la discrimination opère encore dans de grandes institutions économiques et politiques. Mais ceci n'est rien comparé au monde de l'intime. Car c'est bien là, au cœur du plus privé de la vie privée, que se situent de véritables machines infernales qui fabriquent discrètement l'inégalité[6]. Dans d'autres livres[7], j'ai parlé du fonctionnement conjugal en lui-même qui, en produisant un jeu de rôles complémentaires, pousse les femmes à réactiver toute une mémoire historique et à surinvestir dans la famille. Mais ce qui touche au sexe est sans doute plus impressionnant et plus brutal (même si les deux sont liés, comme le montre le fait qu'après la naissance des enfants, les femmes ressentent moins de désir à mesure que leurs charges familiales s'alourdissent[8]). Le sexuel « apparaît comme le dernier refuge d'une représentation immuable de l'ordre des choses », fondé sur une « illusion naturaliste[9] ». C'est sans doute ici que les vieux stéréotypes opposant femmes et hommes semblent les plus tenaces. Alors que des instruments comme Internet donnent l'impression que tout est en train de changer très vite, les femmes continuent à avoir un accès moins facile au sexe pour le sexe. Tout en se faisant traiter de « salopes » !

On pourra dire qu'il s'agit là d'une question à part, uniquement privée. C'est faux. Se faire traiter de « salope » – alors que les hommes ne risquent, eux, aucun discrédit –, n'est pas seulement désagréable pour soi. Les avancées vers l'égalité, dans les domaines les plus larges, de l'économie ou de la politique, dépendent des modèles d'identité qui se forgent dans ces machineries inégalitaires intimes. Les répercussions en chaîne de ces « scénarios culturels[10] » sont en effet considérables. Or, depuis quelques années, la situation est sournoisement en train de changer. Des signes inquiétants montrent qu'après des décennies de rapprochement entre filles et garçons, les attitudes concernant la sexualité tendent à nouveau à diverger[11]. Posant même, à terme, la question d'un éventuel « renoncement à l'égalité en matière de sexualité[12] ». L'espace de liberté et d'égalité qui s'affiche sur l'avant-scène de la Toile ne dit donc pas tout du paysage sexuel d'aujourd'hui. Au contraire, certains verrous sont plus résistants que jamais.

La révolte

C'est bien pourquoi la révolte des femmes a éclaté sur cette question particulière. Un peu en marge du mouvement féministe classique, moins à l'aise dans le droit au plaisir (excepté dans ses variantes lesbiennes sécessionnistes[13]) que sur les thèmes plus revendicatifs. Une révolte qui reprend le mot d'ordre des années 1960 (« jouir sans entraves »), en soulignant que tout maintien d'une inégalité renvoie à une autonomie individuelle incomplète, un défaut de démocratie[14]. Les femmes doivent s'affranchir de la domination sexuelle masculine. Une révolte qui reprend le « jouir sans entraves », mais la gaieté et l'insouciance en moins. Car l'époque n'est plus la même et trop de promesses ont été déçues. La tonalité est donc empreinte de colère et de dureté. L'affirmation d'un droit égal au sexe est, étrangement, un combat au goût amer.

Ce combat est porté par des artistes, des romancières, des cinéastes, au discours souvent radical, voire outrancier, qui place la violence au centre des relations humaines. L'obscénité revendiquée devient une réponse à la haine supposée des hommes envers les femmes[15]. Et plus largement par des journalistes, qui, au contraire, généralisent et banalisent la thématique dans les médias féminins : « s'offrir un amant d'un soir » côtoie sans problème une recette de salade à l'orange ou la dernière tendance des sacs à main. Le cri des pionnières s'est transformé en une véritable « lame de fond : le sexe appréhendé par les femmes explose, sur Internet, au cinéma, en photographie[16] ». Un tel soutien médiatique, conjugué aux espaces de liberté offerts par la Toile, permet à chacune de s'enhardir et de tenter quelques expériences de libération. « On décide de partager des envies, des fantasmes, des pulsions. Avec des amants, de passage ou pas[17]. » Elles multiplient ainsi les rencontres d'un soir : « Certaines nanas fonctionnent comme les mecs et ont aussi des périodes de "boulimie sensuelle" sans projets de lendemain, par pure gourmandise. Les "one-shoteuses", ça existe aussi, et j'en ai croisé[18]. » Et n'hésitent pas à proposer elles-mêmes un rendez-vous coquin plutôt que d'attendre le bon vouloir des hommes[19]. Ou, comme *Laguerrière,* ne se souviennent plus ensuite que de ceux qui l'on fait jouir.

Paradoxalement, ce sont ces tentatives qui révèlent le mieux que l'égalité totale reste un miroir aux alouettes. Les audacieuses ne tardent pas en effet à découvrir qu'une rumeur sournoise se forme à leur encontre. Car le Net est moins anonyme qu'il ne le prétend. Des traces sont déposées partout, des réputations enflent et circulent, des jugements assassins sont lancés. *Lucie* est révoltée : « On a des filles de plus en plus entreprenantes et indépendantes qui s'affirment et qui demandent à être considérées comme égales aux hommes. Pourquoi un homme ayant de nombreuses conquêtes est un Don Juan et est porté aux nues, tandis qu'une fille ayant le même comportement est forcément une salope ? Putain de morale judéo-chrétienne, voilà au moins c'est dit ![20] »

Pourtant tout semble fait pour aider ces nouvelles amazones. Ainsi, des sites comme *Adopteunmec.com* proposent aux hommes de devenir de simples objets de consommation et d'afficher (superbement) leur profil en attendant qu'une femme flashe et clique pour le mettre dans son petit caddie virtuel. « Là où on pourrait croire que c'est génial, c'est que les mecs ne peuvent pas harceler les demoiselles, ce n'est qu'une fois "l'objet" dans le caddie que le mec peut envoyer enfin un message. Et là le public féminin qui a connu les sites de rencontre crie au bonheur ! Là je me suis dit que c'était innovant, que pour une fois le site respecte un peu les demoiselles et leur donne le moyen de draguer tranquille. Et que surtout elles ont la totale initiative et qu'enfin elles vont pouvoir aller de l'avant[21]. » Hélas, *Ginfizz* ne va pas tarder à déchanter.

L'impossible juste milieu

Il avait été sur le site, dit-il, « juste par curiosité », lui qui recherche avec un certain sérieux, non sa moitié de pomme mais son « zeste de citron ». Admettons. L'important ici n'est pas *Ginfizz* en lui-même mais ses observations. Il fut en effet très surpris de constater que les femmes venues faire leur petit marché sexuel naviguaient entre des attitudes extrêmes. Entre trop et trop peu. Comme si elles s'avéraient incapables de s'en tenir à un juste milieu enrobant la demande sexuelle d'un minimum de politesse, sinon d'affection.

Du côté du trop peu, il y avait la fausse initiative. Certes, elles mettaient un homme dans leur caddie, mais ensuite, rien. Elles attendaient. Que ce soit lui qui envoie le premier message. « Elle est où l'initiative, là ? » demande *Ginfizz*, qui conclut de façon catégorique : « Malheureusement et c'est désespérant, les demoiselles manquent toujours d'initiative. » Du côté du trop, il y avait surtout la manière de faire, sèche, directe, sans humour, sans paroles, strictement consommatoire. Pire encore que celle des hommes. Son profil sans photo n'ayant rien déclenché, *Ginfizz* travailla un peu sa mise en scène : « Bref, au bout de quelques jours, je décide de mettre une photo… mais pas n'importe laquelle, une photo d'un beau gosse sûrement mannequin genre "ouais, chemise ouverte, brushing un peu rebelle, trop la classe." Bien entendu les visites ont explosé. Là, rien d'étonnant, je dirais même logique. Mais le plus fort c'est que certaines n'ont même pas regardé la fiche (texte, description, etc.), une simple photo et hop dans le caddie ! Alors bon, je ne sais pas mais c'est comme si une fille croisait un mec dans la rue et lui roulait un patin direct. Je trouve ça un peu (beaucoup) superficiel[22]. »

Ginfizz a tort d'être surpris, car il n'y a en fait rien là de très étrange. Les scripts sexuels[23] résultent d'un très long travail de fabrication historique, et permettent aux hommes et aux femmes de percevoir comme « naturels » certains types d'attitude créant de l'aisance comportementale. Aller à l'encontre est tout sauf évident. Il manque des repères et les automatismes ne sont pas rôdés. D'où les nombreux zigzags entre trop et trop peu. Dans les séquences « trop », là où les hommes, purs chasseurs, essaient de masquer un peu leurs intentions, les femmes adoptent volontiers des attitudes décalées et provocatrices. Car elles se sentent hors du cadre habituel. Sans les garde-fous forgés par une longue tradition culturelle, elles sont grisées par leur audace libertine-libertaire. Et se laissent d'autant plus emporter dans une fuite en avant de tous les excès qu'elles ont plus ou moins conscience d'être à l'avant-garde d'un combat révolutionnaire. Pour la liberté et l'égalité. Il arrive même que la quête du plaisir en soit oubliée[24].

Un monstre d'égoïsme et de froideur

Tout part pourtant justement de la quête de plaisir, radicale, dusse-t-elle être froidement égoïste. *Saskia* n'est pas toujours ainsi. C'est seulement une part d'elle-même qui l'entraîne parfois. Elle en dresse avec sincérité le portrait. « Je suis en quête de sexe, je n'ai jamais le sentiment d'en avoir assez. Je donne des rendez-vous dont je sais qu'ils seront quasi exclusivement sexuels. C'est presque toujours moi qui reçois. Ma position préférée est le missionnaire : la baise classique continue à me plaire. Mais je me bande parfois les yeux pour laisser libre cours à des fantasmes qui n'incluent pas toujours la personne avec laquelle je suis. Je suis très déçue quand je n'ai pas d'orgasme, je le revendique presque comme un droit si mon partenaire en a un. J'aime qu'on s'occupe de moi, il m'est plus facile de recevoir de la tendresse que d'en donner. Je n'ai pas toujours envie de sucer et je ne me force pas. J'attache une importance réelle à la taille du sexe de mes partenaires. Je ne cherche pas à les consoler s'ils n'arrivent pas à assurer. S'ils ne savent pas embrasser, je ne les embrasse pas. Je suis peu peinée lorsqu'un amant ne passe pas la nuit ; parfois même je suis soulagée. Je ne promets rien à mes amants, je ne les rappelle pas, j'attends qu'ils le fassent. Je n'envisage pas toujours de les revoir et je le leur dis sans détour. Je ne leur demande pas d'être fidèles et je n'estime pas devoir l'être. J'ai déjà eu trois partenaires différents dans la même semaine, j'ai déjà envisagé l'adultère sérieusement. J'ai quitté des hommes sans rien dire et ils ont su d'un simple regard que ce n'était pas la peine de rappeler. Certains qui voulaient me revoir ont eu droit à un refus tranchant, j'en ai fait mariner d'autres pendant des mois jusqu'à ce qu'ils se lassent. Il m'est arrivé de désirer violemment, d'être obsédée, mais je ne tombe pas amoureuse[25]. »

Saskia a conscience de plonger dans un abîme d'indifférence quand cet autre soi qui est en elle la domine et l'entraîne. Ce qu'elle ressent comme une chute reste pourtant modéré et discret, tout intérieur, marqué par la froideur qui l'envahit. La provocation peut, par contre, devenir spectaculaire quand les femmes prennent l'accent du combat. Un magazine érotique s'adressant aux femmes (avec des photos d'hommes nus), *Bagatelle*, avait ainsi tenté d'inverser frontalement le stigmate : « Résolution 10 : J'ai le droit d'être une salope[26]. » Mais l'inversion majeure implique le jeu de rôles entre le chasseur et ses proies. Les femmes passent résolument à l'attaque, et n'hésitent plus à s'afficher en prédatrices. Elles sont des lionnes, des panthères assoiffées de sexe. Au Canada et aux États-Unis par exemple, la mode des « couguars » s'est développée[27]. Le rusé félin est une femme de 40 ou 50 ans, qui chasse des hommes très jeunes, tout juste majeurs, parfois appelés « Boy Toy » ou « Willing Prey » (proie consentante). Il y a, bien sûr, dans cette inversion l'idée d'une grande revanche contre les hommes. « Honte à moi… enfin pas tant que ça ! C'est la jungle, j'étais une gazelle, on m'a bouffé, je suis maintenant une lionne (en apprentissage encore) et je fais ce qui me plaît[28]. »

Toujours plus

Avides de sexe pour le sexe, les femmes devenues chasseuses peuvent, comme les hommes, se laisser prendre par la spirale du toujours plus, à mesure que diminue la satisfaction procurée par les mêmes expériences continuellement répétées. *La Rouquine* (qui serait classée par *Nina* dans sa catégorie des « hystériques avec un feu perpétuel au cul ») est insatiable. Elle rejette si violemment les malhabiles, les petitement membrés ou les trop rapides à l'ouvrage, que l'aventure de ce jour-là mérite d'être contée. Elle avait immédiatement flashé sur « ce type vraiment mignon. Du genre beau qui s'ignore. Du genre insaisissable. Du genre “hé ! mais Rouquine, faut que tu voies ce qu'il a sous le slip, lui !”. Ça n'a pas été bien compliqué. Un appel, et le lendemain soir il était chez moi. Le lendemain soir + une heure, il était en moi. J'ai poussé la table basse, fait tomber le cendrier plein et la bouteille de rosé vide, renversé ma boîte de capotes, et l'ai plaqué sur le plancher. Je l'ai chevauché, prête à tirer mon coup. Un peu déphasé, il s'est laissé faire.

Puis on a baisé. Longtemps. Très longtemps. J'ai joui. Deux fois. Non, trois. Ou dix. Beaucoup de fois en tout cas. Et lui pas. Je me suis donnée à mort, dans toutes les positions, alternant pipe, branlette, pénétration, baisers, tendresse, brutalité, mots crus, mots doux, hurlements ou gémissements, soumission ou domination, proposant une éjac faciale, buccale, poitrinale. Pendant non pas une, non pas deux, non pas trois, mais pendant trois heures et demi de baise. Pas une goutte de sperme. Même pas un microlitre. J'ai fini par déclarer forfait, pendant qu'il me restait encore un peu de vagin.

Et puis (et c'est là que vous tous poussez des cris d'étonnement), on a dormi ensemble. Mais oui. Dans le même lit. Ensemble, quoi. À deux. Comme je l'ai déjà dit, partager mon corps me pose bien moins de problème que de partager mon lit. On s'expose à se réveiller face à quelqu'un qu'on n'aime pas forcément beaucoup en dehors du sexe, à être embarrassée, à ne pas savoir s'en dépatouiller pour qu'il parte, le risque maximum d'être emmerdée. » Mais *La Rouquine* se sentait déstabilisée par cette inamovible raideur sèche, elle voulait résoudre le problème. Elle insista vainement au petit matin. « Contrainte à le laisser penaud, avec son érection qui ne s'abaisse pas depuis des heures et des heures. Putain mais merde, ça m'énerve cette affaire. »

Dans les commentaires du blog, *Nanouhska* n'apparaît pas troublée par cet aspect physiologique. Car ce qui l'intéresse est ailleurs, dans l'efficacité de la méthode de drague.

> *Nanouhska* : « Mais t'as utilisé quoi comme formule magique pour l'inviter chez toi en 5 minutes au téléphone ? »
>
> *La Rouquine* : « J'ai dis "Salut, c'est *La Rouquine*, ça te dit qu'on boive un verre demain soir ? Passe à la maison". »

Simple, non ? Malgré quelques déconvenues, *La Rouquine* est animée par une quête de plaisir et d'aventure qui parvient à remplir son existence. C'est justement quand le plaisir est moins au rendez-vous, quand le doute effleure les pensées, que la fuite en avant menace. Seul le rythme des rencontres emporte alors, la recherche de l'excès, jusqu'à l'outrance, voire la souffrance. Se faire mal pour se sentir vivre. Emportée dans un tourbillon, *Bianca* ne rêve plus que de séduire et de séduire encore. « Voilà comment je réussis à vivre : consommer, avoir une jolie peau et un joli cul. Être encore convaincue de mon pouvoir de séduction. » Elle a donc rapidement mis un terme à une expérience de vie conjugale. Elle se sentait en manque. Comme une droguée : elle est dépendante à la rencontre. Multipliant compulsivement les hommes de passage. Solitaire. « Le plus inquiétant reste cette envie de souffrance à nouveau. Cette attirance irrémédiable pour la chute, le vide. Je me remets à la vouloir, ma solitude entourée, mes nuits outrancières et mon irréductible attrait pour ce qui finit par faire mal. Au fond. Tout au fond. Je ne peux qu'être seule pour cette vie-là. Pour me vautrer douloureusement dans la débauche et les excès. Finalement, je ne suis peut-être qu'une petite pute, qui tremble à l'idée de faire des choix, qui refuse l'engagement quel qu'il soit[29]. »

Chapitre 10

Le paradoxe du mauvais garçon

Du prince charmant au bad boy

Les femmes telles qu'elles se vivent aujourd'hui ont été fabriquées par leur histoire, différente sur plusieurs points de celle des hommes. Notamment dans le domaine amoureux et familial. Depuis les temps anciens, c'est autour d'elles que le lien familial s'est tissé, grâce à elles, à leur don de soi, corps et âme, sans compter. À mesure que le seul sens du devoir perdait de sa capacité d'injonction, un engagement aussi radical ne put trouver la force de se déclencher qu'en s'alimentant à une autre composante de l'amour : l'imaginaire de l'arrachement au monde ordinaire porté par le romantisme sentimental[1]. C'est ainsi que, pendant deux siècles, les jeunes filles se bercèrent de rêves dédiés au prince charmant.

Dans plusieurs enquêtes, j'ai d'ailleurs constaté combien ce rêve résistait et était encore présent aujourd'hui (même si le prince en question tend à prendre du muscle pour se faire plus craquant). Pour la simple et bonne raison qu'il est trop dur d'abandonner l'idée d'un élan sentimental qui irrésistiblement entraîne dans ce qu'on pense être la vérité de l'amour. L'exact contraire de l'hypermarché actuel où trop de choix rend le choix bien difficile. Pour cette autre raison aussi que notre société de compétition généralisée et d'évaluation continuelle est très éprouvante mentalement pour les individus. Nous avons besoin de caresses, d'une épaule, d'un regard de bienveillance qui regonfle l'estime de soi. D'un lieu tout doux d'amour réconfortant. Alors, les femmes dressent le portait robot de ce soutien psychologique qui leur manque : un homme gentil, à l'écoute, affectueux.

Elles dressent ce portrait à certains moments. Ou quand elles pensent à un avenir lointain, avec maison-bonheur, enfants rieurs et petit chien. Mais à d'autres moments, plus ancrés dans le présent, une perspective très différente se dégage. La banalisation du sexe-loisir crée pour les femmes une violente rupture historique. Tout leur passé d'engagement sacrificiel porté par l'élan sentimental se trouve confronté à une alternative radicalement différente : celle d'une personne autonome, libre d'affirmer son droit personnel au plaisir. Soudain, l'image de l'homme idéal bascule. Oubliées la douceur et la gentillesse. Seul le désir parle. Et il réclame un homme, un «vrai». Puisant dans les stéréotypes les plus machistes tout ce qui peut déclencher l'intensité vibratoire. «J'ai toujours trouvé les démons plus séduisants que les anges[2]» dit *Madametergiverse.* Et *Sukie* confirme : «L'homme trop mièvre, collant, fleur bleue à outrance est sans commune mesure épuisant et agaçant[3].»

Mais pourquoi donc plaisent-ils autant?

Nina est très intriguée par cette irrésistible attirance pour les mauvais garçons. Chez ses copines (les «vingtenaires») comme pour elle-même : «Les femmes préfèrent les connards, c'est un fait. Le font-elles exprès? J'en doute. Si je regarde dans la liste de mes vingtenaires et que je vois les relations d'Anne et son Tobias, ou Victoire et son Fulbert, Linga et son ex, je me dis que nous avons un gène masochiste très prononcé. Je suis désolée, les filles, mais quand je vois comment ces hommes vous ont traitées, ça me gonfle. » Ou encore cette autre copine : « D'un côté, son nouveau petit ami officiel qui la bombarde de textos d'amour, de coups de fil, qui veut la voir tout le temps. De l'autre un play-boy dédaigneux qui aime s'entourer de jolies filles. Normalement, la raison devrait la conduire à choisir le premier… Eh bien non ![4] »

Mais elle-même, *Nina*, pourquoi donc préfère-t-elle aussi « les bad boys aux gentils garçons ? » Pourquoi notamment cette histoire d'amour avec un « sale type » ? « Plus il me foutait plus bas que terre, plus je rampais à ses pieds. Je ne comprends pas comment j'ai pu me faire marcher sur les pieds comme ça. » Pour essayer de comprendre, elle en a discuté avec une amie ; en prenant l'exemple de Ludovic. Ludovic un « garçon charmant », « hautement romantique » et même « super mignon », mais à qui, hélas, il « manque un truc ». Elles discutent et discutent, puis finissent par en tomber d'accord : « En fait, ce "mais", c'est qu'il est trop gentil, un comble ! Sortir avec un garçon sympa, c'est être sûre d'avoir de suite un Prince charmant serviable et dévoué à notre personne. C'est bien mais pas drôle. » Elle préfère « quelqu'un capable de parler sexe crûment et de jouer les misogynes gentiment ».

En face, chez les hommes gentils, le désarroi et l'incompréhension sont immenses. Sèchement rejetés alors qu'ils n'entendent que du bien de leurs comportements tendres et généreux. *Ginfizz* se dit écœuré par la duplicité féminine : « On connaît tous le fameux dialogue féminin, celui que l'on écoute (au début), celui que l'on pense vrai, sincère, celui qui va nous révéler le plus grand mystère de l'être humain (côté masculin) : que veulent les femmes ? Au début de notre vie sentimentale on entend un discours se rapprochant à peu près de celui-ci : "Je veux un garçon gentil, adorable, qu'il soit serviable, qu'il ne se fâche pas, qu'il soit tendre et attentionné, je ne veux pas d'un macho dragueur" etc. etc. Tout homme a déjà eu ce discours porté à ses oreilles. Tout homme a aussi été étonné, surpris, de voir que des “connards” ou autres mecs du genre chiant dans le domaine relationnel, étaient toujours accompagnés et, pire encore, arrivaient à draguer et “conclure” avec une demoiselle qui avait le discours précédemment cité. Là, le débutant se posera plein de questions : comment? pourquoi? par quelle magie un mec aussi “connard”, “chiant”, “macho” arrive à avoir ce qu'il veut et, surtout, pourquoi les demoiselles sont avec lui sachant que peu de temps après elles se retrouveront seules et qu'on les entendra se plaindre à tout va que c'était un salaud, etc. etc. Alors qu'il y avait un “mec gentil” tout près d'elle. »

Les femmes chasseuses, adeptes de sexe pour le sexe, en quête de bad boys pour assouvir leurs désirs, sont une minorité. Mais une minorité très active et volubile, qui donne le ton à la Toile. Et une minorité qui grossit rapidement. Bouleversant le paysage des rencontres et provoquant l'émergence d'un groupe étrange, un peu à contre-emploi : des hommes gentils déstabilisés par cette agressivité sexuelle. Étonnamment plus sentimentaux que les femmes. Parfois même des romantiques déçus. *Grenoblois* racontait un échec amoureux à Marie, une amie. Elle éclata de rire en se moquant de lui : « Mais merde! Un plan cul ne peut pas avoir une amorce un tantinet romantique? Un plan cul est obligé de commencer par un frottage des corps malsains, voulant dire déjà que tout est “réglé”, sans laisser aucune part à la vraie séduction? J'ai l'impression que les filles ne veulent plus de situations romantiques, si ce n'est avec THE ONE. Ça me fait chier. J'aime bien les petits regards, les effleurements, les sous-entendus, les belles vues d'une ville illuminée, les flocons de neige qui tombent sur un couple de futurs amoureux (ou donc de futurs partenaires sexuels pour une nuit). Et alors? C'est devenu ringard apparemment. »

Nina se sent un peu gênée en pensant à Ludovic. « Maintenant, les mecs vont pouvoir aussi dire : “non mais, toutes des garces, elles te sautent dessus, te baisent et hop, plus personne, envolée la meuf!" Mouais.» Un peu gênée seulement, et dubitative. Car elle a bien conscience que ces hommes sentimentaux déroutés ne sont quand même pas légion. Comme les femmes chasseuses, dont ils sont d'ailleurs la créature, ils accrochent cependant le regard par leur singularité.

Plus couramment, les hommes peuvent simplement être surpris quand une femme fait preuve d'audace et d'initiative. Ou se positionne de façon très physique et abrupte sur le terrain sexuel. Même *Anadema*, prince de la drague, s'avoue déconcerté par la froideur blasée de *Femme mariée* quand, cinq minutes après le début de la rencontre, «elle écarte un pan de son gilet pour me montrer la courbure de sa poitrine afin, comme elle me dit, de me "montrer la marchandise"». *Myl* préféra montrer ses fesses à *Ginfizz*, ses fesses dont elle est très fière, lui affirmant d'emblée que son ex considérait qu'elle avait «le plus beau cul qu'il avait jamais vu». Dans son jean moulant, alors qu'ils dansaient en boîte, elle s'évertuait à lui mettre sous le nez ses courbes callipyges, selon elle si dignes d'intérêt. Bref, elle lui tournait le dos, tout en proclamant à voix haute que le sexe était ce qu'il y avait de plus important dans la vie. Un peu embarrassé, *Ginfizz* se raidit, et *Myl* lui déclara déçue : «On dirait que tu danses avec un balai dans le cul[5].» L'histoire s'arrêta là.

La gloire du dragueur

Après bien des expériences pénibles et mûre réflexion, *Ginfizz* décida de changer d'attitude : «On comprend qu'il ne faut pas être l'homme parfait, qu'il ne faut pas tenter de l'être, qu'il ne faut pas être gentil au possible.» Il devait donc, lui aussi, essayer de devenir un peu mauvais garçon.

Mais si des hommes gentils en sont conduits à une telle conclusion, que penser des autres, de la large cohorte des bad boys intrinsèques et des chasseurs sans scrupules ? Ils commençaient à se croire ringards et vaguement coupables, condamnés par les nouvelles valeurs, humanitaristes et féministes, de l'époque. Ils étaient contraints à travailler des techniques de dissimulation, apprenant le langage des « moments câlins » propre au sexe-loisir pour camoufler leur désir plus frustre. Quand, soudain, d'une façon inattendue et délicieuse, les femmes leur déroulèrent un tapis rouge, les poussant même à exprimer les attitudes qu'ils croyaient les plus inavouables. Le bad boy était devenu tendance et pouvait s'afficher sans retenue. « Maintenant que j'ai basculé du côté clair de la force, dit *Macaron,* tout est plus simple[6]. »

Ils n'hésitent donc plus à parler haut et fort, ouvrant des sites à leur gloire ou publiant des manuels à l'adresse des timorés et des débutants. Dans *The Manual,* qui s'est imposé rapidement comme un best-seller de la drague sans complexes, Steve Santagati donne ses conseils pratiques pour devenir le mauvais garçon qui plaît aux femmes[7]. Aussi surprenant que cela puisse paraître, et à contre-courant des valeurs officielles, nous assistons en fait à rien moins qu'à un phénomène médiatique de légitimation et d'institutionnalisation du bad boy. Résultat très paradoxal de la tentative un peu désespérée des femmes de faire sauter le verrou sexuel qui bloquait l'avancée de la marche vers l'égalité. Il avait suffi qu'un groupe de chasseuses effrontées revendique le droit à un plaisir égal à celui des hommes pour que les plus traditionnellement machistes se retrouvent à la pointe très tendance de la modernité. Les vannes de ce qui peinait à se contenir avaient été ouvertes, et des torrents d'appétits sexuels inassouvis quelque peu boueux déferlaient. Trouvant des mots crus pour se dire, instrumentalisant les femmes, les méprisant parfois[8]. Le tout étant enrobé d'une ironie douteuse permettant de faire passer des propos aux limites de ce qui est acceptable légalement.

Ra7or illustre bien ce groupe d'hommes que plus rien ne semble pouvoir arrêter. Il concède une exception pour la « meuf officielle » : « Si vous voulez en faire votre meuf officielle, aïe, reprenez la lecture de *Ra7or* depuis le début : un plan cul ne devient pas une meuf officielle. Impossible. » Mais pour toutes les autres, sa vision du monde est limpide : « Avec le plan cul, pas de problème de ce genre. La politique à adopter est différente selon ce que vous attendez d'elle. Si vous n'attendez rien d'elle, ne la présentez jamais, contentez-vous de la baiser, elle vous en sera reconnaissante. »

Seul compte le plaisir personnel, strictement limité dans le temps. Une fois obtenu, pas une seconde n'est à perdre avec des paroles ou des sentiments, d'autant que « c'est con une fille ». « Elle dégage. Aucune méchanceté, mais la vraie limite est posée. Un plan cul ne reste pas dormir chez vous. Elle est fatiguée, elle a les jambes qui tremblent ? Tant mieux, c'est que vous avez bien fait le travail. Mais je suis sûr qu'elle dormira mieux chez elle. Vous êtes fatigué au point d'accéder à sa requête ? Fermez les yeux et imaginez la galère le lendemain au réveil. Le lit, c'est sacré, c'est le symbole du couple. Pas de la gaudriole, *damn it*! Bon, cette position extrémiste peut s'avérer compliquée à tenir si vous êtes vous-même fracassé. Comment s'en sortir dans ce cas, une fois que madame reste ? L'enlacer pour dormir ? Mais ça va pas bien du tout, toi, là ! Elle n'est qu'un vagin de passage, *remember*. Pour les câlins avec des bras il faut une vraie meuf. Combien de fois je dois le répéter ? Elle reste, mais sa brosse à dents elle la range immédiatement dans son sac à mains. Ne pas faiblir, ne pas céder. Sinon c'est le début des embrouilles, des "c'était pas clair", des "mais je croyais que". Ne lui donnez pas le moindre os à ronger, en humain ça veut dire : ne laissez pas place à l'interprétation. C'est con une fille, tu lui dis blanc elle comprend gris, tu lui dis gris elle comprend noir. Tais-toi ! »

Le retour du « connard »

Mais très vite les femmes constatent l'étendue du désastre. Sans trop comprendre que certaines d'entre elles ont involontairement participé à son déclenchement : les « connards », comme elles les appellent, que l'on croyait d'un autre temps, sont plus rayonnants que jamais. Les vrais, anciens machos impénitents refaisant surface grâce à l'évolution récente. Et toute une kyrielle de nouvelles catégories. Des timides, par exemple, qui tentent de résoudre leurs difficultés relationnelles en se déguisant en bad boys (qu'ils ont d'ailleurs bien du mal à être) et en se faisant cassants. Ou des petits malins qui jouent avec humour sur l'image du mauvais garçon. Ainsi *Guillaume*, auteur du blog *AdopteUnConnard*, s'ingénie à commencer ses *chats* par un « bonjour, on baise ? » pour le moins très direct.

Les femmes tentent d'organiser la contre-attaque. Le site *Lesbridgets.com* développe avec précision ses « Conseils pour détecter rapidement le connard ». Mais quand elles se laissent prendre à nouveau, l'exaspération est telle qu'elles tendent très vite à généraliser : tous les hommes seraient à mettre dans le même sac. *Ginfizz* remarque qu'après avoir elles-mêmes parfois désiré du sexe pour le sexe, elles opèrent un brusque revirement d'opinion : « Fini tout ça, le sexe pour le sexe est mal, tous les mecs sont des salauds, des connards, des obsédés, ils ne veulent que coucher sans vouloir de relation sérieuse (alors qu'au départ il était question seulement de relation charnelle). » *Allumette* est devenue très susceptible sur la question.

Elle subodore des « connards » presque partout, et réagit d'autant plus brutalement (peut-être devrait-elle se poser des questions sur sa manière de faire ?) qu'elle continue régulièrement à les attirer. Comme ce pompier d'un soir, « beau mais con », qui le lendemain lui envoya un SMS, « demandant si moi OU UNE DE MES COPINES serait d'accord pour un plan cul avec lui. Sidérant. Ça, j'm'en souviens bien. Les mecs sont définitivement pas finis[9]. » Ou ce « charmant jeune homme » qui avait, hélas, été un peu trop direct à son goût : « Dégage imbécile ! Comme si j'avais besoin d'un mec pour jouir. » Sa conclusion est sans appel : « Tous des porcs ! »

Rappelons-nous ce que nous expliquait *Marion* à propos du P.C.R.A., sa douce utopie, l'idée que le sexe enveloppé de tendresse pourrait devenir un moment de bien-être partagé, une expérience limitée dans le temps mais remplie d'attention à l'autre, une minuscule bulle romantique fondée sur les émois du corps et un désir d'humanité intime, en rupture avec l'agressivité concurrentielle de la vie habituelle. Nous sommes ici à l'extrême opposé de cette perspective. Dans une sorte d'engrenage infernal où la libération des désirs déclenche, en fait, une sauvagerie en chaîne. De la froideur égoïste, un oubli du respect, un rejet de toute politesse, une disparition radicale du moindre gramme d'amour. *Marion* rêvait d'une sorte de petit amour sans engagement. Nous en voilà bien loin. D'un pacte de bien-être entre égaux. Or, l'engrenage infernal aggrave au contraire l'abîme qui sépare parfois hommes et femmes. « Ce qu'il y a de pire en nous est exacerbé », déplore *Saskia*. Et l'horizon de l'engagement sentimental se fait encore plus problématique. L'addiction compulsive aux rencontres, mettant en présence des corps sans âmes, « devient la meilleure façon de ne jamais tomber amoureux[10] ».

Non, décidément, le sexe n'est pas un loisir comme les autres.

Chapitre 11
Déjouer les pièges

La place du sexe aujourd'hui

Les experts qui scrutent l'évolution des comportements sexuels ont un peu de mal à dresser un bilan clair. Certes, en moyenne, ils relèvent une évolution régulière, quoique relativement lente, vers plus de liberté, d'inventivité et d'audace, notamment du côté féminin : multiplication du nombre de partenaires au cours de l'existence, élargissement du répertoire des pratiques, etc. Ils s'accordent aussi généralement pour dire qu'Internet est sans doute en train d'accélérer le mouvement. Mais on ne peut qu'être frappé par le contraste existant entre cette modération apparente (pour ne pas parler de la routine qui se maintient tranquillement dans de nombreux couples) et l'exubérance qui s'expose sans retenue dans les médias ou sur la Toile. J'ai déjà donné quelques éléments de réponse. D'abord, ce fait tout simple : quoi qu'on en dise, il n'y a pas que le sexe dans la vie. Il y a aussi, en particulier, le besoin élémentaire d'être entouré et soutenu, satisfaction que peut apporter l'engagement conjugal durable (au risque, bien sûr, de la routine ou de crises éprouvantes). Ensuite, le constat que ce sont, non la majorité plutôt silencieuse, mais les minorités actives qui donnent le ton. Bien que les tigresses de la Toile soient certainement moins nombreuses que les femmes qui rêvent encore sagement au prince charmant, leurs rugissements ont suffi pour que les bad boys sortent du bois sans complexe. Enfin, et cela est essentiel pour comprendre où nous en sommes vraiment, les catégories de comportement n'ont rien de figé. Au contraire, les aspirations ne cessent de changer et opèrent même souvent des retournements spectaculaires. Les tigresses de la Toile, par exemple, sont rarement tigresses toute leur vie. Dans un autre épisode, elles peuvent chercher un gentil mari. Les différentes articulations entre sexe et amour se vivent, la plupart du temps, en séquences très tranchées.

Voilà pourquoi il est difficile de tirer un bilan clair. Non seulement le paysage est très fragmenté et contradictoire, mais les retournements d'opinions et d'attitudes sont fréquents et très marqués, surtout pour les femmes. Car, lorsqu'elles s'engagent en famille, ce n'est pas à moitié. Quand, à l'inverse, en particulier grâce à Internet, la possibilité se présente pour elles de vivre une liberté sexuelle déconnectée de l'engagement sentimental, elles peuvent éprouver tout un mélange de sensations grisantes. Sensation de revanche contre des siècles d'interdits et de subordination, sensation de légèreté contre le poids habituel des charges domestiques, ivresse de pouvoir exprimer, à l'égal des hommes, la folie aventureuse de la jeunesse, bouffée d'oxygène après un trop long tunnel de conjugalité étouffante, etc.

Une parenthèse dans la vie

Ou aussi : désir de se donner de la force, de briser des chaînes invisibles. « J'ai eu besoin de passer dans ma vie par une étape qui me libérait de quelque chose[1] » dit Catherine Millet. Ce qui explique certaines attitudes extrêmes ou transgressives. La parenthèse de sexe pour le sexe est parfois brève : une impulsion. *Milton601* a remarqué que certaines femmes rencontrées avaient en fait une vie sexuelle très pauvre : elles avaient pris un rendez-vous online pour rompre occasionnellement avec ce triste ordinaire[2]. Ce n'est pas du tout le cas de *Lademoiselletéméraire*. Elle ne comprend pas ce qui lui a pris vendredi soir, quand, dans une boîte branchée, elle s'est jetée sur un garçon pour « lui rouler des pelles comme quand on avait 16 ans ». Elle pensait que ces « choses-là » ne lui arrivaient plus depuis qu'elle avait arrêté de boire et qu'elle avait commencé, dit-elle, une vie de couple (en fait une vie de couple quelque peu démultipliée, car elle entretient en parallèle une relation régulière avec quatre hommes !). « Mais ces jours-ci, rien n'est normal, je suis encore plus impulsive qu'avant, je dépense une fortune en sous-vêtements coquins, je me blondis davantage les cheveux, je commence à me racheter des talons bien que je me trouve déjà trop grande[3]. »

La séquence peut aussi s'inscrire dans une phase plus longue et marquer un temps particulier de la trajectoire biographique. C'est notamment le cas, bien sûr, de la jeunesse, alors que l'épineuse question de l'engagement peut facilement être repoussée à plus tard. *Poupepine* en a bien profité de cette jeunesse-là ; elle s'est éclatée, sans limites, sans remords : « Il n'y a rien de mal à aimer le sexe, à avoir une libido. Le sexe n'est pas quelque chose de sale, de honteux. Le tout est de le faire car on en a envie, de ne pas être forcée[4]. » Aujourd'hui, elle prend un peu de recul avec cette agitation frénétique, au profit de rêves d'avenir très différents. « Je pense que c'est juste une période, et qu'une fois qu'on sera casé nos perspectives vont changer. » À vrai dire, en pleine transition biographique, elle ne sait pas très précisément si le nouvel épisode de sa vie est pour demain ou si la page est déjà tournée. « Je pense que cette phase je vais bientôt la finir. Il y a des choses que j'ai faites et dont je ne suis pas très fière, et d'autres que je ne regrette pas. Mais en fait, peu importe, tout ceci est maintenant dans le passé. » Pour bien marquer la rupture et tenter d'effacer la mauvaise réputation qui lui colle à la peau, elle va partir très loin pour tout recommencer à zéro : « Je me suis calmée ces derniers temps, j'ai eu une période à vide après beaucoup de mouvement on va dire... et maintenant je pense dans quelque mois déménager de l'autre côté du pays et prendre un nouveau départ. Cette fois-ci je pense que je vais essayer d'aborder les choses autrement. »

L'homme sex toy

Poupepine tourne la page sans émois particuliers, comme s'il était normal que les épisodes très tranchés de son histoire se succèdent. Il en va ainsi pour certaines. Mais pour les autres, l'alternance des séquences est émotionnellement beaucoup plus agitée. Il faut considérer, en effet, l'ampleur de ce que l'affirmation d'une liberté sexuelle porte d'historiquement nouveau pour les femmes. L'événement est fort et remue en profondeur. Ce geste d'émancipation prend donc la forme de toutes les révoltes, souvent incontrôlables et extrémistes.

L'exemple assez radical de *LaNe* est intéressant sur ce point ; développons un peu. Elle n'est pas d'accord quand *Marion* propose d'ajouter de l'affectif dans les relations sexuelles sans engagement. Le risque est trop grand. Elle se sent plus proche de *Ra7or*, le macho sans complexes. Un « Plan Cul » (« PC »), y compris pour les filles, doit rester strictement un « Plan Cul » : « J'aimerais mettre les choses au clair : mesdemoiselles, un PC doit rester un PC. Et comme il est si bien souligné dans l'article de *Ra7or*, toute dérive de la ligne directrice pousse inévitablement (ou presque) à un attachement d'une des parties (et bien trop souvent le côté femelle, cause que nous autres avons du mal à séparer sexe et psycho – donc sentiments). Un vrai PC doit se contenter de C. Sinon, on est borderline, et même si les choses sont claires, on s'expose à de terribles poursuites (voire même à des douleurs difficiles à surmonter lorsque l'affaire s'arrête)[5]. »

Les femmes étant plus attirées par l'engagement sentimental, elles doivent donc, encore plus que les hommes, s'en tenir à une discipline rigoureuse. La meilleure manière pour *LaNe* d'interdire toute dérive sentimentale est de considérer l'homme comme un sex toy. Son apport doit rester strictement technique, c'est la règle essentielle. « Le PC doit, sur tous les plans, être comparable à un sex toy. Efficace, discret, là quand on en a besoin. Et c'est tout ce qu'on lui demande. D'abord, la première fois. Il n'est pas question qu'un futur sex toy vous fasse la cour. Non, allons à l'essentiel. Deux personnes majeures et consentantes ont une envie commune : dites-le ! Et qu'on évite de faire semblant, pas besoin de long discours pour savoir si le feeling passe. Une nuit suffit (voire moins que ça !). À ce stade, il est essentiel que le sex toy remplisse sa fonction première : vous satisfaire. Si le sex toy n'est pas efficace dès la première nuit (ou jour, c'est vous qui voyez), pas besoin d'insister (allez, soyons gentille, s'il est super-top canon, et qu'il était bourré ce soir-là, on lui laisse le bénéfice du doute et on s'en fait une deuxième, au moins pour être sûre). De votre côté, évitez de laisser s'épancher votre besoin de tendresse. Le sex toy n'est pas là pour ça. Si vous voulez du C, assumez. Si c'est pour combler autre chose, changez de cible ! On en vient donc à LA règle : pas de câlins. "Les câlins, ça fait s'attacher" disait un sex toy. Et il avait raison. »

Comment peut-on vivre ainsi sans jamais s'attacher ? En changeant continuellement de partenaires, bien sûr. Car « le sex toy a une durée de vie limitée. Il y a un jour, en effet, où l'intérêt s'étiole. Baser une relation juste sur du C, c'est assez difficile. On finit par se lasser, même si le sex toy, à force de nuits passées, est devenu un bon copain, on reste limité». *Saskia*, tirant le bilan d'une riche expérience en la matière, est un peu désabusée en constatant le vide produit dans sa propre vie quand «l'autre devient un objet sexuel». Il arrive souvent un moment où même les plus expertes, mêmes les plus convaincues, en arrivent à buter sur les limites de l'exercice.

Le cycle féminin

À plus forte raison celles qui se sont laissées entraîner dans ces expressions corporelles dénuées de tout sentiment sans bien en maîtriser les conséquences à long terme. Vient un moment, après des périodes d'exaltation, où tout un écheveau de sensations désagréables fait surface : mauvaise conscience, saturation, écœurement. Mauvaise conscience pour *Allumette*, qui, souvenons-nous, disait des hommes qu'ils étaient «tous des porcs». «Après avoir passé une nuit avec un *Meetic Boy*, je suis rentrée chez moi en larmes, effondrée. Quand je couchais avec lui je pensais à *Quasi Parf'* et je me retenais de pleurer. Mon Dieu, que c'est glauque! Je me suis sentie salie alors que j'étais tout à fait consentante[6].» Saturation pour *Kalamity* : «Le troisième jour tu reprends du poil de la bête et repars jouer sur les obscures voies internetiennes. Et ouvres un compte sur un site de rencontre, tant qu'à faire. Le quatrième jour tu redécouvres ton pouvoir de séduction. Un *Señor Matanza*, un *Infidèle*, un *Nomade* et quelques autres après, te voilà déjà lassée. Pauvre petite fille gâtée qui casse un à un tous ses jouets[7].» Écœurement pour *Nina,* après s'être «tapé des connards» pourtant «parfaitement identifiés. Mais quand on a faim, on a faim. Même si après s'être tapé son connard, on se sent un peu sale et surtout totalement nulle, comme après avoir avalé un menu maxi giant au McDo alors qu'on est censée être au régime : sur le coup c'est bon, mais après c'est un peu la honte[8]. » Tout ce qui était si facile et direct devient insupportable pour les mêmes raisons. *Nina* donne l'exemple de ce dialogue avec *Thierry :* « Suite à une partie de jambes en l'air, le jeune homme me recontacte sur MSN et ça donne en gros :

Lui : Tu vas bien ?
Moi : Oui
Lui : On baise ?
Moi : Non, pas le temps. »

Cela *Nina* n'en veut plus.

En fin observateur des attentes féminines, *Ginfizz* expose sa théorie du cycle des rencontres : « Suite à une énième rupture pour des motifs divers et variés, la demoiselle va retourner sur ce site. Ensuite, il s'agit de se venger et/ou de rattraper le temps perdu ou d'autres pseudo-excuses. Va s'en suivre une overdose de discussions avec une multitude de spécimens masculins. Un seul but : savoir qu'à nouveau on peut être désirée, que l'on peut se faire draguer. Bien entendu, il ne sera pas difficile d'obtenir une adresse mail/MSN et de dégoter un rendez-vous. La plupart vont se laisser bercer par des mots doux ou même ne pas écouter et consommer, voire surconsommer. Overdose de rencontres et de sexe. Après un délai variable, il y aura saturation et bien entendu tous les précédents mecs qui auront passé du bon temps vont vouloir réitérer les galipettes, mais, là, ils vont se heurter à un mur, un retournement. Fini tout ça. C'est l'étape de rejet : tous des connards, etc. Et, cette fois ci, on recherche exclusivement le vrai, le bon, le mec bien sous tous rapports, celui qui cherche une relation sérieuse et sincère. Et là bien entendu c'est tout de suite beaucoup plus difficile à trouver, sans compter les ex-fantômes de la nuit qui reviennent à la charge (oui il existe des lourds).

Au bout de quelques rencontres infructueuses on semble trouver la bonne personne. Puis finalement au bout d'un délai variable c'est la rupture. Pour la suite, reprendre au début. Ce cycle est pratiquement universel et ça en devient ennuyeux (j'ai bien d'autres adjectifs en tête). Je ne comprends pas qu'on puisse plonger dans ce cycle encore et encore[9]. »

Il y a pourtant des explications. À la différence des hommes qui, depuis des siècles, ne mettent qu'un pied dans la famille et gardent l'autre dehors, les femmes, quand elles s'y engagent, se livrent totalement et deviennent le pivot de l'institution. Encore aujourd'hui (même si les hommes font parfois la cuisine ou s'amusent avec les enfants). C'est par un élan émotionnel au début de la relation qu'elles parviennent à opérer cette rupture identitaire radicale sans que ce soit trop douloureux, qu'elles disent adieu au vieux soi libre et léger de leur jeunesse. Considérer le sexe comme un pur loisir, dépouillé de tout sentiment pouvant provoquer l'engagement, est donc pour elle beaucoup plus compliqué (même si c'est en même temps très nouveau et grisant). Sauf dans des parenthèses bien marquées, mais dont il est difficile de situer nettement la frontière. D'autant qu'en ce domaine amoureux, les idées ne cessent de changer : tel homme initialement prévu comme un instrument de plaisir peut soudain émouvoir et donner envie de poursuivre le chemin avec lui. Les femmes ne peuvent pas s'adonner sans retenue et durablement au sexe-loisir comme le font certains hommes. Même *Nina*, qui ne manque pourtant pas d'audace, en est bien consciente : « On a une image faussée d'une femme surconsommatrice qui ne cherche que le cul, sans vouloir autre chose. Bien entendu, certaines sont comme ça et quelque part heureusement. Car il faut de tout pour faire un monde et je nuancerais en faisant remarquer qu'une femme peut avoir dans sa vie des périodes *wild sex* et des périodes plus calmes. Mais je me demande si c'est pas un peu une porte ouverte à la goujaterie, une autorisation implicite à un "on baise, on se sépare, on se rappelle jamais." Non mais ! on a aussi le droit de s'attacher[10]. »

Les hommes ne vivent pas de tels retournements entre séquences de vie contrastées (ce qui explique l'incompréhension et l'agacement de *Ginfizz*). Héritiers d'une longue culture du sexe pour le sexe, ils s'y arriment, en ajoutant, quand l'occasion se présente, la dose de sentiment nécessaire pour s'engager dans une aventure conjugale plus durable. Mais tout cela sans revirement identitaire aussi violent que pour les femmes. *LaNe* se veut l'alter-égale féminine de *Ra7or*, dans leur surenchère vantant les mérites du sexe à l'état brut. Elle ne pourra sans doute pas le suivre longtemps ainsi.

Le dilemme

Le plus problématique pour les femmes n'est pas le sexe-loisir en lui-même. C'est d'en sortir quand elles veulent en sortir. Là, sans doute, est la différence majeure avec les hommes. Opérer la transition vers la séquence d'engagement est pour elles particulièrement délicat.

Il y a d'abord l'hésitation dans la tête. Les femmes savent, ou sentent intuitivement, à quel point tout engagement sentimental est susceptible de bouleverser leur existence (infiniment plus que pour les hommes, qui n'auront pas à subir au même point les charges domestiques). C'est d'ailleurs pourquoi l'aventure du sexe pour le sexe peut leur apparaître si grisante, bien au-delà du plaisir personnel. Or, il faut justement en faire le deuil. Il y a ensuite le problème d'image, les traces laissées sur la Toile et ailleurs. Plus la séquence de sexe dépouillé de tout sentiment a été exubérante, plus une forte réputation (que l'on croyait essentiellement positive) s'est formée : initiative, audace, dynamisme, joie de vivre. L'on était celle que tous aimaient inviter et qui n'avait peur de rien ; une sorte d'être supérieur. Hélas, à peine la perspective d'un engagement est-elle formulée que la réputation se métamorphose et montre un tout autre visage, uniquement mauvais, revenant sur soi en boomerang assassin. *Ani* ne pensait pas avoir un tel problème. Elle avait juste « fait quelques conneries » et simplement pris l'habitude de coucher sans attendre. Elle ne changea pas ces habitudes quand elle le rencontra : « Mon mec m'a quand même dit qu'on était passé trop vite aux choses sérieuses[11]. » Il y a enfin, justement, l'attitude à adopter vis-à-vis de celui qui n'est pas seulement un amant mais peut-être un futur mari.

Comment faire ? Nous avons vu que les débats en ligne aboutissaient à cette étrange conclusion : quand il ne s'agit que de sexe, on peut coucher le premier soir ; alors qu'il est conseillé d'attendre s'il y a sentiment. Attendre, mais pas trop. Car la nouvelle donne des rencontres amoureuses a complètement redistribué les cartes : la figure de la femme sentimentale, qu'elle soit follement romantique ou sagement vertueuse, a soudainement été marginalisée. Non pas rejetée moralement (elle est même donnée en exemple sur les forums qui dénoncent les « salopes »), mais techniquement écartée de façon très concrète des rencontres qui se forment réellement. Le rythme qui s'est installé dans les mœurs est trop rapide pour tolérer désormais celles qui se refusent. Tout se passe comme si les femmes étaient victimes d'une injonction contradictoire. « Soit une fille couche, soit elle est vue comme coincée. Si elle couche vite, elle peut être considérée comme une salope, si elle fait poireauter le garçon, elle est manipulatrice ; c'est pas évident[12] », constate *Erba*, dépitée. Et, comme pour toutes les injonctions contradictoires, il n'existe pas de vraie solution. D'un côté, la mauvaise réputation est prompte à s'abattre ; de l'autre, tout pousse à accepter les nouvelles règles du jeu si les femmes veulent continuer à intéresser les hommes.

Pourquoi les femmes font banquette

Celles qui ne rentrent pas dans la danse sont désormais zappées, tout simplement. Ce ne sont plus les moins belles qui font banquette comme dans les dancings d'autrefois, mais celles qui gardent des principes, refusant qu'une relation puisse commencer par le sexe. La pression s'exerce de toutes parts et de mille manières. Impatiente chez les garçons. *Fluorix* est énervé : « Et moi qui croyais que les filles étaient libérées de ces préjugés à la con ! C'est incroyable, on est revenu en arrière, là ![13] » Amicale chez les copines : « Il n'y a pas à dire, je suis une fille très entourée. Très entourée de filles qui régulièrement me demandent des nouvelles de ma vie sentimentale. C'est l'effet *Sex and the City* je crois. Être célibataire aujourd'hui, c'est forcément accumuler des flirts, des amourettes, des plans cul, des coups de cœur, des aventures[14]. » *Lafilleacentsous* est excédée : « Ça me rend dingue toute cette pression. » *Nina* est très consciente, quant à elle, du fait que c'est justement cette pression (pour elle, surtout celle venant des garçons) qui l'a incitée à plus de libertinage. « Les hommes préfèrent-ils les garces ? Au vu de mon expérience, malgré mon jeune âge, j'ai tendance à penser que oui. En effet, quand j'étais une gentille jeune fille, peu de garçons s'intéressaient à moi (enfin, si, les gentils). Depuis que j'ai une réputation plus sulfureuse, le nombre de mes prétendants s'est multiplié de façon exponentielle. Après, je reste une gentille fille, je ne suis pas désagréable gratuitement ni dédaigneuse mais mon côté brouette-girl les attire… Sans doute plus grâce à la perspective d'une folle nuit en ma compagnie que grâce à ma merveilleuse conversation… Ceci étant, je sais que mon côté peste plaît beaucoup, plus que mon romantisme (s'il m'en reste encore). Après, je me demande si un homme épousera plus facilement la parfaite ménagère ou une maîtresse limite SM[15]. »

Beaucoup pensent cependant que le jour de La Vraie Rencontre, tout changera comme par magie amoureuse. L'homme de leur vie saura les comprendre (et même y déceler un bon signe) si elles souhaitent attendre un peu. Hélas, il n'a plus le temps pour cela, des sollicitations plus accessibles se présentent, et il est rare qu'il ait le courage d'y résister. Il faut donc qu'elles apprennent à naviguer subtilement entre Charybde et Scylla, trouvant le moyen d'être assez entreprenantes pour ne pas être rejetées, tout en évitant la stigmatisation qui s'abat sur les trop audacieuses.

Les femmes qui s'enhardissent sur la Toile en quête de bonheur amoureux ne tardent pas à saisir les nouvelles règles du jeu et à s'y adapter. Même quand elles ne sont pas spécialement attirées par le sexe pour le sexe. Car tout commence désormais ainsi. Mais celles qui n'osent pas, ne veulent pas, ou qui rêvent d'autres scénarios, se trouvent être mises de côté sans déchiffrer ce qui leur arrive. De plus en plus, et le changement est rapide. *Maman-Célib* voudrait s'en tenir à ses principes et elle a beaucoup de mal. Voyez cette triste histoire avec *Chouchou.* Un vieil ami, devenu célibataire depuis peu. Il l'invita au restaurant. « On arrive au resto sous une pluie battante. “Resto pluvieux, resto heureux, non, ma chérie ?” Et là, je le vois me déballer son numéro de charme. Il parle, il plaisante, il complimente, il dresse mon portrait psychologique (il m'énerve à toujours voir juste)… Il me répète toutes les cinq minutes : “Je suis ravi de cette soirée ; vraiment… et c'est pas fini." Intérieurement, je ris... Jusqu'à manquer m'étouffer quand il déclare, comme vérité établie et universelle, que deux amis peuvent coucher ensemble... Euh... Non... Ou ce ne sont pas des amis... Des amis qui sexent ensemble, ce sont des amants. Au fil de nos discussions, de nos rires, il prend ma main pour ne plus la lâcher. J'ai l'habitude qu'il attrape ma main quand on joue aux futurs mariés, mais normalement, au bout d'un moment, il me rend ma liberté manuelle. Mais là, non, il garde ma main dans la sienne... Ah! mince... Mais c'est quoi ce regard que je ne lui connais pas. Mais il fait quoi, là?... Mais... Il m'embrasse... Ah! mince... Il m'a eue par surprise... Et le pire, c'est que ce n'est pas désagréable... » Un baiser, d'accord. *MamanCélib* est cependant bien décidée à ce que cela n'aille pas plus loin.

« Il n'y aura rien de plus ce soir ; ni plus tard, d'ailleurs... Je mets ces murs, ces remparts entre lui et moi. Il faut arrêter de croire que je vais me jeter sur le moindre mâle qui me porterait un peu d'attention. Alors certes, ça m'a fait du bien de recevoir un peu de tendresse, un peu d'affection, un peu de galanterie, une caresse sur la joue, une main dans le cou, un baiser enflammé, mais je connais le caractère illusoire de ces démonstrations et le côté éphémère de notre soirée. Ça fait des mois qu'on joue au couple, et là, la seule différence, ce sont ces baisers... qui ne signifient rien. Je suis têtue, il l'est sûrement autant que moi, mais quand je dis non, c'est non. » L'histoire n'ira donc pas plus loin. Hélas, la relation d'amitié non plus. Car le prix à payer de cette soirée sera sans doute très lourd : *Chouchou* risque bien de tenter sa chance ailleurs.

MamanCélib reste convaincue qu'une éthique de la sincérité sentimentale doit gouverner les pulsions immédiates. Elle s'inscrit en cela dans une très longue tradition morale qui, depuis Platon, tendait à élever les âmes.

Malheureusement, une telle position est devenue intenable depuis qu'Internet s'est conjugué aux effets de la revendication féminine du droit au plaisir pour révolutionner le rapport sexe-amour. *MamanCélib* le perçoit d'ailleurs : c'est l'ensemble des relations entre les hommes et les femmes qui est en train de changer, autour de la question de la place du sexe dans la rencontre. « Je me demande pourquoi les hommes que je rencontre s'imaginent que je vais finir dans leur lit en un claquement de doigts. Aujourd'hui, toute relation homme-femme semble tourner autour du sexe, comme si on n'était pas capable d'autre chose. Je trouve ça triste. Vraiment. Ou je suis trop naïve. Ou trop idéaliste. Ou trop moi. »

La combinatoire sexamour

Tout apparaît plus simple dans les rencontres d'aujourd'hui. En fait, tout est devenu plus compliqué. Tout apparaît plus simple : il suffit de se connecter sur Internet, de trouver à qui parler, d'exprimer de part et d'autre des envies, puis de se fixer rendez-vous autour d'un verre. Et de laisser alors le feeling mener la danse. Tout est en fait plus compliqué, car rien n'est clair dans la combinatoire sexamour. Nombre de mots disent le contraire des pensées (l'homme chasseur se déguisant en tendre séducteur[16] ou la femme masquant son désir de s'attacher), et les pensées elles-mêmes ne cessent de fluctuer entre plaisir et sentiment. Seule la banalité neutre du rituel protège et apaise, donnant justement l'impression que rien n'est compliqué.

Certes ce flou a des vertus, qui sont même très grandes, face à la principale difficulté d'aujourd'hui : l'engagement. L'élargissement infini de l'offre de candidats potentiels donne en effet le vertige. Et l'essor d'une attitude froidement évaluatrice-consommatrice en la matière rend la solution encore plus problématique. Autant le sexe est devenu aisément accessible, autant le chemin qui mène à l'amour se fait de plus en plus escarpé. Dominé par la peur, la peur de se tromper.

C'est bien d'ailleurs cette difficulté grandissante de l'engagement qui pousse le plaisir en avant. Bien plus que le plaisir qui s'impose par lui-même. Les femmes reprennent volontiers désormais la phraséologie masculine : « ne pas se prendre la tête », « il n'y a pas de mal à se faire du bien ». Car, parfois, cela peut marcher. Là où la peur de se tromper empêche de basculer dans la vie à deux, l'idée d'un plaisir simple peut entraîner dans une histoire sans que l'on s'en rende compte. Le flou peut donc aider à ne pas avoir peur et à lâcher les amarres du vieux soi, à s'abandonner à l'aventure amoureuse.

Hélas, cette vertu paradoxale est relativisée par des effets pervers (le qualificatif me paraît bien adapté !) sans doute beaucoup plus importants. Notamment l'engrenage de la montée aux extrêmes qui s'excitent mutuellement : plus les femmes affirment leur droit à l'égalité, plus les hommes en rajoutent, ressuscitant tout ce qu'ils croyaient être devenu inavouable. D'où la surenchère dans le sens d'une sexualité toujours plus « libérée », en fait libérée du sentiment et même de toute humanité, instrumentalisant l'autre, transformé en objet de plaisir personnel. En sex toy, comme dit *LaNe.*

Nous avons vu que certains se battent pour conjurer ces dérives. Notamment autour d'une idée simple : dépasser les ambiguïtés du sexamour et le transformer en entité stabilisée. Répondant ainsi à la nouvelle attente qui monte irrésistiblement : que le sexe puisse être transformé en loisir ordinaire, déconnecté de l'engagement conjugal, et permettant de vivre des moments de plaisir et de bien-être. Une sorte de petite et tranquille utopie libertine. Malheureusement, cette utopie (comme beaucoup d'autres dans l'histoire) risque de rester à jamais à l'état de rêve impossible à appliquer.

D'abord, parce que chacun à son idée des règles idéales, et que cet espace ne saurait voir le jour sans un minimum d'accord. Dans le monde utopique de *Marion* par exemple, l'affectif est central, ainsi que le maintien des liens en réseau. Dans celui de *Nina* par contre, la sexualité à l'état brut est beaucoup plus présente, même si elle n'est pas débridée : « Chacun ses pratiques. Si les miennes peuvent paraître débridées (j'ai même des sex toys[17], imaginez comme je suis l'amazone ultime), de mon point de vue, elles ne le sont pas. Je vis ce que j'ai envie de vivre sans chercher à me taper le plus de mecs possibles. Déjà, quantité n'égale pas qualité, ensuite, je ne suis pas une journée porte ouverte en permanence et enfin, j'ai envie de passer ma vie à autre chose que de courir après une nouvelle queue par semaine. »

Ensuite, parce qu'il serait impossible de préciser à chaque rencontre, en face à face autour du verre, si l'on se situe dans une entité stabilisée (et laquelle) ou dans le flou flottant du sexamour. Car, pour le meilleur et pour le pire, cela est affaire de désir, d'émotions, de sentiments ; toutes choses particulièrement incontrôlables.

Enfin, surtout, parce que chacun continue à rêver d'amour. Or, plus le sexe s'installe sous forme de loisir ordinaire déconnecté de l'engagement, plus ce dernier devient difficile. Amour et sexe-loisir forment une « équation impossible[18] ». C'est bien pourquoi (parce que chacun continue à rêver d'amour) le sexe ne pourra jamais être un loisir comme les autres.

Conclusion

Tout a brusquement changé au début du XXIe siècle. La rencontre amoureuse s'en tenait jusque-là à un cadre relativement bien défini, en forme de progression régulière marquée par des rites de passage. Certes, depuis un certain temps déjà, la jeunesse avait imposé un espace nouveau de liberté. À travers le flirt et la danse, un monde à part commençait à s'inventer. Puis, dans les années 1960-1970, l'émancipation sexuelle sembla briser les dernières chaînes. En fait, nombre de contrôles traditionnels maintenaient discrètement leur emprise ; les libres jeux du corps assouplissaient l'institution conjugale sans vraiment la contester.

Au tournant des années 2000, la conjonction de deux phénomènes très différents (la banalisation d'Internet et la revendication féminine d'un droit au plaisir) allait brusquement accélérer le mouvement et bouleverser le paysage des rencontres. La sexualité, qui avait commencé à s'autonomiser en se séparant du sentiment depuis plus d'un siècle, puis à s'émanciper, jusqu'à apparaître dans les médias comme une banale technique de plaisir, s'installa alors dans un espace assez clairement séparé, distinct de la question de l'engagement conjugal, et dédié au seul bien-être. Loin des effrois diaboliques et des transgressions frissonnantes d'antan, une nouvelle activité de loisir, somme toute très ordinaire, était née. Prenant la forme d'un immense hypermarché de l'amour et/ou du sexe, où chacun est à la fois consommateur et vendeur, affichant ses désirs et cherchant à les satisfaire de la façon la plus efficace qui soit. Il suffit de s'inscrire, de payer une somme modique (décrocher un rendez-vous revient moins cher qu'une séance de cinéma), ou même de fréquenter un site gratuit, un blog, un réseau social. Rien de plus facile désormais.

L'espace du sexe-loisir n'est cependant pas parvenu à vraiment s'établir et à se stabiliser. À travers des débats online passionnés, il cherche à instaurer de nouvelles règles du jeu. Il y parvient assez bien pour tout ce qui touche aux aspects les plus concrets du rituel ; ce qui donne l'impression (fausse) que ce jeu urbain original a trouvé ses marques. En fait, il n'en est rien, ou plutôt ces marques ne s'attachent qu'aux faits extérieurs, au décor. Rien n'est dit du contenu. Au contraire, la confusion sexe/amour est plus grande que jamais. Le sexe ne parvient pas à devenir un loisir comme un autre.

Surtout pour les femmes, tiraillées entre l'aspiration émancipatrice à faire sauter le verrou sexuel à l'égalité, et le rêve maintenu d'un engagement sentimental. Qui est tout le contraire d'une mièvrerie à l'eau de rose. Car le sentiment a de plus en plus aujourd'hui une portée subversive. À l'encontre des idées reçues, il faut bien comprendre, en effet, que ce n'est plus le sexe qui désormais est sulfureux (excepté quand il s'approche dangereusement des limites punies par la loi) mais, paradoxalement, l'amour, qui se pose en alternative radicale au mode de fonctionnement dominant. Un autre monde est possible et ce monde est un monde amoureux.

J'ai raconté ceci dans *L'étrange histoire de l'amour heureux*. L'économie ne s'est pas imposée naturellement au centre de la société, sa domination actuelle n'est pas le résultat d'une sorte d'évolution matérielle inéluctable. Nous avons trop oublié les épisodes où l'amour a voulu guider le monde. Certes, il échoua toujours, dans la confusion ou de façon terrible. Car il n'est pas, comme l'argent, un instrument fiable de mesure et de gouvernement. Mais, à chaque fois, il parvint à rebondir dans la sphère privée, qu'il fonda d'ailleurs ainsi de façon de plus en plus séparée du reste de la société, selon des règles de vie totalement différentes. Jusqu'à la situation schizophrénique d'aujourd'hui, où tout individu est coupé en deux.

Georg Simmel explique que la société se structure à partir de « formes sociales », qui nous disent comment percevoir les éléments qui nous entourent. Un individu, par exemple, n'est pas quelque chose qui est donné en soi. Il y a des manières bien différentes de le concevoir et donc, pour lui-même, de se penser et d'agir. Or, aujourd'hui, deux modèles opposés ne cessent de le déchirer, le tirant à hue et à dia. D'un côté, celui de l'économie, qui suppose qu'une personne n'agit qu'en fonction de ses intérêts. L'individu est ici un être froid et calculateur, qui évalue, compare, élimine tout ce qui est censé ne pouvoir satisfaire ses attentes égoïstes. Ce modèle est devenu dominant et a envahi le monde, contaminant même les petits univers privés, comme le montre la façon dont se déroule la recherche de l'âme sœur sur les sites de rencontre. L'alternative est celle de l'amour (dans ses différentes formes), où l'individu, au contraire, sort du petit soi égoïste pour se donner sans compter. C'est lui et lui seul qui fabrique le lien social. Le sentiment (passionné ou humaniste) qui entraîne vers l'autre réalise une utopie minuscule contre la dureté et la froideur de la société instituée.

Les femmes sont aujourd'hui à la pointe de cette révolution douce, qui s'épanouit au mieux (or c'est cela qui aujourd'hui est devenu le plus difficile) par un engagement durable. Le sentiment entraîne vers ce qui peut devenir l'aventure de toute une vie : l'invention d'un monde à soi, fonctionnant sur d'autres règles que celles du calcul égoïste. C'est ce que j'ai appelé, dans la situation idéale où l'utopie se réalise, la « maison des petits bonheurs ».

Ainsi se comprend mieux la dualité intime qui agite les femmes et fait alterner dans leur biographie des séquences complètement opposées. Tout se passe comme si deux enjeux les portaient, tous les deux révolutionnaires, mais incompatibles. L'idéal égalitaire, qui bute notamment sur le sexuel et qui exigerait que les femmes s'affirment en tant qu'individus déliés et autonomes, comme le font les hommes, pour faire enfin sauter ce verrou. Et le rêve d'un monde différent, régi par l'amour, qui les pousse au contraire à se relier affectivement, au risque ensuite de dépendre des hommes et de payer cet engagement par des charges familiales très lourdes.

L'illusion a été de croire, surtout dans les années 1960-1970, que c'était la sexualité et non le sentiment qui avait une portée révolutionnaire. Parce que, depuis longtemps, elle avait été une menace pour l'ordre établi. Aujourd'hui, non seulement elle se banalise et se massifie, mais elle le fait selon la forme dominante des intérêts individuels, dans l'immense hypermarché online où chacun cherche à prendre son plaisir sans être pris. Anthony Giddens va même jusqu'à dire que les chasseurs sexuels compulsifs sont des « contre-révolutionnaires malgré eux[1] ».

On aurait pu penser, bien sûr, que le sexe-loisir puisse aussi être une utopie alternative, posant les bases d'un espace de plaisir et de bien-être partagés. C'est, par exemple, ce que *Marion* essaie de réaliser, en introduisant de l'affectif régulier dans son réseau de relations sexuelles. Ce projet d'un autre monde amoureux, remettant radicalement en cause le couple monogame et la famille telle qu'elle est actuellement, n'a peut-être pas dit son dernier mot, au moins pour la phase de la jeunesse (car pour élever des enfants cela apparaît plus compliqué). Mais deux facteurs limitent fortement son essor.

Le premier est interne au sexe-loisir. L'idée d'un bien-être partagé emprunte un petit quelque chose à l'amour, même s'il n'est pas question d'engagement. Il s'agit de faire plaisir à l'autre autant qu'à soi, de découvrir avec empathie son univers. Pour un temps limité, de donner sans compter autant que de recevoir. Or, nous avons vu que cette attitude était largement minoritaire, que les comportements utilitaristes et égoïstes étaient légion, que les mensonges, les impolitesses méprisantes, les violences verbales étaient monnaie courante. Et pire encore, qu'un engrenage infernal poussait les hommes à devenir encore plus machistes et les femmes à leur répondre avec le même niveau d'agressivité.

Le second facteur est encore plus décisif. Notre monde, qui repose désormais tout entier sur le triste modèle de l'individu calculateur, est trop dur à vivre. L'individu éprouvé, fatigué, atteint dans son estime de soi, a de plus en plus un infini besoin de réconfort et de reconnaissance. Une caresse d'un soir ne suffit pas. Il faut une épaule, une oreille attentive, un regard affectueux dans la longue durée de la vie de tous les jours. Cela, seule la « maison des petits bonheurs » peut l'apporter vraiment. Et pour la construire, il faut s'engager.

Le paysage sexuel et amoureux des rencontres est en train de changer très vite sous nos yeux. Un immense désir de libertinage légitime tend actuellement à placer le sexe au centre, comme le montre cette enquête, et nous ne sommes sans doute qu'au début de ce véritable bouleversement des mœurs. Mais il ne faut pas se tromper : l'institution conjugale n'est pas remise en cause, encore moins le rêve d'amour. C'est un amusement à côté.

Annexe méthodologique

Habituellement, le chercheur définit une méthode de recueil du matériau d'enquête lui permettant de le traiter selon des techniques éprouvées. Il peut élaborer un échantillon représentatif, contextualiser son terrain d'observation, etc. C'est lui qui choisit et qui organise. Or, cela me fut impossible ici. J'étais plus proche de la position de l'ethnologue découvrant un monde inconnu. À cette différence qu'il ne s'agissait pas d'une tribu Bororo mais de l'océan sans fin de la Toile. Il fallait faire avec. Éviter la noyade et tenter de maîtriser autant que faire se pouvait les matériaux sélectionnés. Pour le sociologue, Internet recèle le meilleur et le pire ; des trésors (on peut y observer l'évolution des opinions et des comportements avec infiniment plus de puissance que par une enquête locale) et des pièges : la difficulté à valider et à situer les informations.

La validité des informations ne me semble pas, des deux, le problème le plus ardu. Certes il est généralement impossible de prouver que la personne dit vrai (mais il en va de même dans un entretien ou une passation de questionnaire). La meilleure technique pour éprouver la véracité implique malheureusement ici de ne pas être avare de son temps. Un peu, là encore, comme l'ethnologue, qui doit être patient pour apprendre à connaître ses informateurs. Il faut par exemple devenir familier d'un blog, et non y cueillir une phrase au passage. Ce n'est pas toujours possible ; j'ai cueilli quelques phrases çà et là, au hasard de mes voyages sur la Toile. Je n'ai pas poussé la familiarité non plus jusqu'à m'inscrire activement dans mes blogs préférés, notamment en postant des commentaires. Ce fut d'ailleurs peut-être une erreur ; tout reste à inventer concernant les techniques d'enquête sur la Toile. Leur fréquentation régulière a cependant été, il me semble, suffisante, à la fois pour cerner la personnalité de l'auteur, ses habitudes et ses idées, et pour tester sa sincérité.

Dans un premier temps, et très intuitivement, la sincérité d'un blog se ressent assez vite, spécialement à partir du style. Une majorité de blogs a pour fonction première pour son auteur de parvenir à mieux se connaître, sous le regard des autres. Ce qui l'entraîne dans une logique de dévoilement et d'audace dans la franchise. D'autant que le public (qui par son nombre alimente la reconnaissance et l'estime de soi) ne s'élargit qu'à la mesure de cette audace – et de la sincérité perçue –, dont il essaie de contrôler la réalité. Le blogueur qui trompe son monde perd souvent son public.

Sauf s'il parvient à l'attirer par un style spectaculaire, jouant de l'ironie, du cynisme ou de la provocation. C'est alors la forme qui attire le public, et qui entraîne l'auteur – celui-ci pouvant d'ailleurs finir par croire un peu lui-même ce qu'il raconte. Ce type de blog est cependant minoritaire et il se repère assez facilement.

Le contrôle est plus difficile sur un *chat* ou un forum. L'internaute de passage qui poste une opinion peut dire ce qu'il veut, sans que le chercheur puisse vérifier. Là aussi néanmoins, la durée de fréquentation apporte quelques instruments. Car souvent des groupes de discussion se forment et chacun reconnaît chacun individuellement, n'hésitant pas à souligner les qualités et défauts des uns et des autres. Ce qui peut freiner les imposteurs. *Doucecarla* avait lancé le débat, sur un thème classique : quand coucher ? « Coucou tout le monde. Voilà, je suis d'origine maghrébine et j'ai rencontré un garçon dernièrement. Il est français d'origine. On s'est bien entendu au premier RDV sauf qu'au bout de 2 h de discussion, il s'est jeté sur moi pour m'embrasser et m'enlacer. Non pas que c'était désagréable mais je trouvais ça bizarre… Bref, au bout du second RDV, il m'a dit qu'il voulait aller plus loin. Là ça devient plus clair : le mec ne veut que ça ! Il me plaît beaucoup mais gros "hic" : je suis vierge, je n'ai jamais pu sauter le pas avec qui que ce soit, même si je suis allée loin avec mes partenaires. Mais au moment M j'arrêtais tout… Voilà, j'aimerais savoir comment ça s'est passé de votre côté niveau premier rapport quand vous rencontrez quelqu'un. Vous passez le cap au bout de combien de temps ?[1] » *Majdoo* avait à peine eu le temps de lui répondre (« Tu trouves ça bizarre ? Nous sommes en 2009 ma belle. Moi dès le 1er RDV je couche ») que *Tunisonline* intervient brusquement pour mettre fin aux échanges : « Regarde un peu tous les messages de *Carladouce* ou de *Doucecarla*, tu verras des dizaines d'histoires : chaque jour amoureuse d'un nouvel homme sorti de son imagination, et tu comprendras mieux l'agacement général. » *Doucecarla* était démasquée[2].

Les *chats* et forums ont, en revanche, un autre intérêt, dont j'ai parlé plus haut. Ils sont des lieux privilégiés de production normative, où se forgent des références morales et des repères comportementaux. S'il est extrêmement difficile d'évaluer la représentativité d'un forum, on peut toutefois cerner à grands traits sa spécificité, caractériser grossièrement le groupe d'opinion qui l'anime. Il faudrait bien sûr beaucoup de temps et d'énergie pour définir tout cela dans le détail. Mais quelques indices (et ici aussi le style) permettent assez rapidement de se faire une idée. Souvent, par exemple, des groupes d'âge s'affrontent pour tenter de s'imposer, en excluant les trop jeunes ou les trop vieux à leur goût. Les ados ont une façon bien à eux de débattre, en phrases courtes négligeant l'argumentation mais friandes d'insultes et de provocations parfois violentes. Le but est plus d'être ensemble à travers un bavardage ludique, que de chercher ouvertement à comprendre, ou à élaborer des normes de comportement. Les « vieux » (30 ou 40 ans) qui se mélangent à leurs discussions sont vite stigmatisés. Ils sont trop « sérieux », voire « chiants ». Quant aux « vieux » en question, la présence d'ados chahuteurs les agace et les perturbe dans leur recherche de solutions. Lorsqu'un groupe s'empare d'un forum, l'autre migre ailleurs, cherchant à stabiliser son espace de débats. Il est légitime qu'il y ait des désaccords, bien sûr, dans cet espace, autour des problèmes à résoudre, mais un minimum de vision commune doit s'établir sur ce qui doit être débattu et comment, créant une ambiance permettant de se sentir entre-soi.

Le matériau d'enquête extrait des blogs et des forums a ses faiblesses et ses forces. Faiblesse : il n'autorise guère à mesurer les phénomènes mis au jour. Force : il est très riche par contre pour analyser de l'intérieur la dynamique d'un processus à la pointe du changement. La conclusion de ma recherche épouse ces deux qualités contraires. Un véritable bouleversement du paysage des rencontres s'est amorcé sur la Toile, contrastant avec une évolution plus lente dans la « vie réelle », où se maintiennent des usages anciens, portés par des contrôles sociaux opérant subtilement. Au terme de l'enquête, il m'est impossible de mesurer avec plus de précision (ce serait une erreur d'essayer de le faire), d'évaluer la proportion des rencontres purement sexuelles ou le pourcentage de femmes couchant le premier soir, etc. C'est un autre type d'enquête qui pourrait le dire. Mon but était différent. Il était de comprendre la nouvelle place du sexe dans la société, la reformulation de ses liens avec l'amour, la mutation profonde des modalités de la rencontre. Et même si je ne peux mesurer avec précision, je peux dire que le changement qui a lieu sous nos yeux est très rapide : les questions signalées en conclusion, peut-être encore marginales pour certains, risquent bien de se poser bientôt à tous avec acuité.

Un mot enfin, plus technique, sur mes sources. Contrairement à l'univers du livre papier, tout ne cesse de bouger sur la Toile. Les blogs personnels surtout sont spécialement instables, s'arrêtant soudainement, parfois renaissant ailleurs sous une autre forme, changeant d'hébergeur, etc. Cela ne facilite pas le travail d'archivage et de référencement. Pour éviter d'imprimer des informations trop rapidement obsolètes (tel est l'habitus du chercheur écrivant sur papier) j'ai donc préféré les citer en renvoyant aux pseudonymes et à une adresse simplifiée. Si ces témoignages n'ont pas déjà été effacés, les moteurs de recherche devraient permettre de les retrouver facilement.

À tous ces blogueurs, dont je me suis senti si proche le temps de l'enquête, je voudrais, outre mes remerciements, leur dire combien j'ai été touché par leur capacité à se raconter jour après jour avec tant de justesse, par cette volonté acharnée de fouiller au plus intime ou au plus cru pour se dire. Impressionné aussi très souvent par leur écriture, trouvant le mot juste, le détail qui parle, exprimant avec intensité des émotions. Il y a de vraies petites merveilles dans ces journaux intimes d'aujourd'hui. Bravo à *Marion*, *Nina*, *Saskia*, *Canalchris*, *Anadema*, *Ginfizz*, et à tous les autres. Car c'est cela aussi qui pousse à tenir un blog : réaliser une œuvre. Une œuvre dont le matériau ici est sa propre vie.

Notes

Introduction

1. Extrait du blog de *Miss figue miss raisin.*
2. *Idem.*

Prologue

1. Online Publishers Association, « Online Paid Content U.S. Market Spending Report », 2005.
2. Les pages qui suivent reprennent en partie ou s'inspirent du chapitre « La révolution Internet » de la seconde édition de *La femme seule et le Prince charmant.*
3. 70 % de croissance annuelle aux USA (Belcher, 2006).
4. Brym, Lenton, 2001.
5. *Idem.*
6. Madden, Lenhart, 2006.
7. Extrait du blog de *Cendrillon69.*
8. *Idem.*
9. Extrait du blog *Journal de mes rencontres sur Internet.* Christelle Masson a également publié un livre tiré de son blog, et portant le même titre (Éditions Thélès, 2006).
10. *Idem.*
11. *Idem.*
12. Lardellier, 2004.
13. Brym, Lenton, 2001.
14. Lardellier, 2004, p. 180.
15. Extrait du blog de *Coton-tige.*
16. Extrait du blog de *Banana String.*
17. Brym, Lenton, 2001.
18. Madden, Lenhart, 2006.

Chapitre 1

1. Elle ne s'est pas donné de pseudonyme. Son blog affiche les « tribulations d'une trentenaire dans la jungle de la rencontre internet ».
2. Chacun invente son pseudo sur la Toile, qui dit souvent beaucoup d'une identité rêvée vers quoi souhaiterait tendre la personne. Les meilleurs blogs, par ailleurs, ont une logique narrative, racontant, jour après jour, des histoires vraies en prise directe sur la vie, histoires dans lesquelles apparaissent des personnages, les héros des rencontres. Il est significatif de constater que très souvent ces personnages sont désignés non pas par leur propre pseudonyme, mais par un nouveau, donné par le narrateur. Nous verrons par exemple les aventures du *Hareng* ou de *Caramel mou.* Fréquemment, ces qualificatifs imagés ont une connotation humoristique qui cache une violence sous-jacente. Car le jugement à l'emporte-pièce peut se propager, sur la Toile et dans la vraie vie (le Net protège beaucoup moins l'anonymat qu'on ne le croit), et produire des ravages s'il stigmatise un défaut réel. Pas trop grave pour le *Hareng,* un homme de passage désigné ainsi simplement parce qu'il était Scandinave (il se plaignit cependant auprès de la narratrice, demandant à être renommé *Le Squale*). Beaucoup plus pour *Caramel mou,* publiquement mis en cause pour la mauvaise qualité de ses prestations sexuelles.
3. Ils représentent environ 20 % des utilisateurs des sites de rencontre (Madden, Lenhart, 2006), à la recherche non pas de « l'âme sœur » mais plutôt d'un bon plan pour la soirée. Il est évident qu'afficher leur photo les démasquerait (Internet ne reste anonyme qu'à la condition de contrôler strictement l'anonymat). Ils l'envoient donc ensuite à la demande, notamment par e-mail.

4. Elle fait bien sûr référence au mouvement des « câlins gratuits », que ses adeptes s'offrent à donner sans réserve en affichant une pancarte dans des lieux publics.
5. Extrait du blog *Le monde tranquille de Marion.*
6. Ceci est bien entendu leur avis personnel. Il n'est pas évident qu'une margarita soit toujours plus légère qu'un mojito.
7. Ressentant le besoin d'être soutenus, ils étaient passés au mojito malgré leurs critiques précédentes.
8. Extrait du blog de *UnMec pour Marion, l'histoire d'une romance 2.0.*
9. Commentaire dans le blog *Nire Grinak.*

Chapitre 2

1. *Fanette,* extrait de son blog.
2. Extrait d'un forum de discussion.
3. *Idem.*
4. *Idem.*
5. *Idem.*
6. Son pseudo a été choisi en lien avec l'intitulé de son blog, *La mare aux crapauds*
7. Lejealle, 2008.
8. Le plus souvent par contre, ils ont la tête ailleurs. « Ces longues discussions sur un tchat me lassent vite. Et il faut être en forme pour cet exercice ». Extrait du blog de *Nire Grinak.*
9. *Idem.*
10. Kaufmann, 2004.
11. Christelle, extrait de son blog, *Journal de mes rencontres sur Internet.*
12. Caro, extrait de son blog, *Caros'blog.*
13. Extrait de son blog.
14. Saskia, extrait de son blog.
15. *Meeticgirl,* extrait de son blog.
16. Brym, Lenton, 2001.
17. Anna, extrait d'un forum de discussion.
18. Soann, extrait de son blog
19. Caro, extrait de son blog, *Caros'blog.*
20. Extrait d'un forum de discussion.
21. Extrait d'un forum de discussion.
22. Extrait du site *La rencontre-info.*
23. Extrait du blog de *Pinklady.*
24. Extrait du blog d'*Anadema.*
25. Extrait du blog de *Maylis.*
26. Extrait du site *Psychologies.com.*
27. Sandra. Extrait du site *Psychologies. com.*
28. Extraits du site *Psychologies. com.*
29. Extrait du site *Psychologies. com.*
30. Ellen Fein et Sherrie Schneider, 2002.
31. Site *Amazon. com,* dans une critique du livre d'Ellen Fein et Sherrie Schneider.
32. Extrait du site *Spike Séduction.*
33. Extrait du blog de *Brunette* sur le site *Loveconfident.*

Chapitre 3

1. Kaufmann, 2009.
2. Extrait de *Caros'blog*
3. Extrait du site *Pathol08.com.*
4. Les thèmes de conversation intime, les jeux de regards, les positions du corps, sont largement développés sur des sites plus institutionnels, notamment ceux qui s'adressent aux plus jeunes sur le thème de la séduction. Mais ces conseils ne provoquent guère le débat., au contraire de la question de savoir quand on doit embrasser.
5. Alberoni, 1999.
6. Extrait du site *Adojeunz.*
7. Opinion dominante sans être hégémonique. Car une des caractéristiques principales du

paysage amoureux d'aujourd'hui est sa diversité multiforme. « Une fragmentation des dispositions et des attentes mobilisées par les rencontres affectives déjoue notre quête d'une image de l'évolution sociale ». Lagrange, 2003, p. 15.
8. Extrait du site *Spike Séduction.*
9. Voir notamment Alain Soral (2004).
10. Extrait du site *Spike Séduction.*
11. *Idem.*
12. *Idem.*
13. *Idem.*
14. *Idem.*
15. Extrait du site *Yahoo. com.*
16. Extrait de *Doctissimo.*
17. *Idem.*
18. Citons par exemple Neil Strauss (2005, 2007), Mystery (2007) ou Logan Edwards (2008).
19. Extrait du site *Artdeséduire.*
20. *Idem.*
21. *L'alpha attitude* est un autre terme du jargon à la mode, qui se forme en réifiant une réalité en vérité plus mouvante. Elle désigne la confiance en soi qui dégage du charisme. Là aussi, la substantialisation en chaîne débouche sur une chosification et des catégorisations rigides ; il y aurait des « hommes alpha » et d'autres qui ne le seraient pas.
22. Extrait du site *Verselejus.*
23. Extrait du site *Doctissimo.*
24. Extrait du site *lepost.*
25. Extrait du site *Spike Séduction.*
26. Extrait du site *Seductionbykamal.*
27. Beldjerd, 2008.
28. Kaufmann, 2009.
29. Caro, extrait de son blog, *Caros'blog.*
30. Extrait d'un forum de discussion.
31. Extrait du site *Yahoo.*
32. Kaufmann, 2009.
33. Segalen, 2009.
34. Singly, 2005.
35. Extrait du blog de *Nina.* Site les *Vingtenaires.*
36. Extrait du site *Adosurf.*
37. Extrait du blog de *Nina.* Site les *Vingtenaires.*

Chapitre 4

1. Sohn, 1996.
2. Kaufmann, 2009.
3. Lagrange, 2003, p. 28.
4. Kinsey, Pomeroy et Martin, 1948.
5. Bailey, 1988 ; Fass, 1977 ; Modell, 1991.
6. Modell, 1991, p. 67.
7. Lagrange, 2003, p. 51.
8. Bozon, 2008a. Il passe de 17,5 à 14,1 ans pour les hommes et de 16,6 à 13,6 ans pour les femmes.
9. Lagrange, 2003, p. 49.
10. Sohn, 1992.
11. Modell, 1991, p. 71.
12. Hess, 1989.
13. Sohn, 2003.
14. Paul-Louis Courier, 1920, cité par Anne-Marie Sohn, 2003, p. 95.
15. Sohn, 2003, p. 97.
16. Corbin, 1987.
17. Jacotot, 2008.

18. Le café comme lieu de rencontre n'est pas totalement nouveau. Après avoir été l'organisateur des bals au début du siècle, il fut la base de rassemblement de beaucoup de bandes de jeunes dans les années 1950. Quant aux dancings, ils ont été progressivement remplacés par les boîtes, où musique et drague sont omniprésentes, mais beaucoup moins à partir de la danse en elle-même, qui a d'ailleurs abandonné ses formes conjugales.
19. Bozon, Héran, 2006, p. 62.
20. *Idem.*

Chapitre 5

1. Ellen Fein et Sherrie Schneider, 2002.
2. En moyenne, nous sommes passés de 12 mois à 6 mois pour les femmes, et de 10 à 5 mois pour les hommes en l'espace d'une génération (Bozon, 2008a). Mais depuis le début des années 2000, la banalisation des rencontres online a changé la donne et considérablement accéléré le processus.
3. Extrait du forum *Yahoo. com.*
4. Extrait du site *Pathol08.com.*
5. *Idem.*
6. Extrait du forum *Yahoo. com.*
7. Extrait du site *Pathol08.com.*
8. Extrait du site *Auféminin. com.*
9. Extrait du site *Pathol08.com.*
10. Extrait du site *Auféminin. com.*
11. Blog d'Hélène, site *Unlivreouvert.*
12. *Poupepine, Idem.*
13. La balance est rarement équilibrée entre plaisir que l'on donne et plaisir que l'on reçoit. Ainsi les femmes préfèrent le cunnilingus et les hommes la fellation. « Mais ni les unes ni les autres ne déclarent que le sexe oral au bénéfice de leur partenaire est leur pratique préférée, chacun préférant, en fait, recevoir ces caresses que de les donner » (Ferrand, Bajos, Andro, 2008, p. 365). Ce déséquilibre moyen devient extrême dans certaines situations, où l'égoïsme domine.
14. Kaufmann, 2009.
15. Extrait du site *Doctissimo.*
16. *Idem.*
17. Clair, 2008.
18. Karine, citée par Isabelle Clair, p. 79.
19. Blog de *Lafilleacentsous.*
20. *Poupepine,* Extrait du site *Auféminin. com.*
21. Kaufmann, 2009.
22. Extrait du site *Doctissimo.*
23. *Stephie82,* site *Doctissimo.*
24. Miller, Slater, 2000.
25. La société est de plus en plus « liquide » comme le dit Zygmunt Bauman (2004). Elle n'est nulle part aussi liquide que sur Internet, qui participe puissamment à la fluidification de la société.
26. Merkle, Richardson, 2000, p. 189.
27. Miller, Slater, 2000, p. 16.
28. Dumesnil, 2004.
29. Bozon, 2008b.
30. *Idem,* p. 286.
31. Heshmat, 2006, p. 18.
32. *Idem,* p. 20.
33. Wheeler, 2006, p. 146.
34. Pearl Kaya, 2009.
35. Laura Pearl Kaya précise que ce n'est pas le cas des cafés qui ont de larges fenêtres ouvertes sur la rue, davantage fréquentés par les hommes. Les femmes préfèrent les cafés qui opèrent une séparation nette avec l'espace public.

Chapitre 6

1. Kaufmann, 2009.
2. Bologne, 1998, p. 177.
3. *Idem.*
4. Alberoni (1994).
5. Bologne (1998), p. 170.
6. Reich (1982).
7. Marcuse (1963).
8. C'est Anthony Giddens (2004) qui le note.
9. Lipovetsky, 2005, p. 306.
10. Bauman, 2004, p. 61.
11. *Idem.*
12. Relevés réalisés sur des logiciels de contrôle par Symantec en 2009, à partir de 3,5 millions de requêtes.
13. Lipovetsky, 2005, p. 307.
14. Guillebaud, 1998.
15. Extrait du blog de *Pinklady.*
16. Kaufmann, 2009.
17. Robinson, 1976.
18. Giami, 2005.
19. Wingrove, 2008, p. 47.
20. *Idem,* p. 45.
21. *Idem,* p. 59.
22. La dernière adresse de son site (*Anadema's story. Blog sur mes rencontres amoureuses sur Internet*) était la suivante : www.anadema.fr.
23. *A.* utilise intensivement le style SMS. Je l'ai traduit en français pour plus de lisibilité. *Anadema,* qui écrit quant à lui parfaitement, ajoute des commentaires en marge. Ainsi, quand elle lui répond « Pas de problèmes », il note : « Allez. Accélérons un peu les choses. »

Chapitre 7

1. Marzano, 2007, p. 13.
2. Extrait su site *Spike Séduction.*
3. Duret, 2009.
4. Mezrich, 2010.
5. Extrait du site *Spike séduction.*
6. Wingrove, 2008, p. 26.
7. *Idem,* p. 27.
8. *Idem,* p. 25.
9. *Idem,* p. 24.
10. *Idem,* p. 26.
11. Extrait du blog *Ungrenoblois.*
12. Extrait du blog de *Divin connard.*
13. Extrait du forum *plan-drague.net.*
14. Giddens, 2004.
15. Extrait du blog de *Madametergiverse.*
16. Wingrove, 2008, p. 28.
17. Extrait du forum *plan-drague.net.*
18. Extrait du blog *She's a Pink Lady.*
19. Je m'excuse de l'emploi de ce terme plus que familier mais il est inévitable dans la mesure où les femmes l'utilisent très fréquemment, pour désigner une attitude caractéristique. Ordinairement, un « connard » est simplement un imbécile, ou plutôt quelqu'un que l'on considère comme tel. Dans l'univers des rencontres online, il désigne beaucoup plus précisément le type d'attitude masculine que je viens de décrire. Je ne peux m'empêcher de signaler par ailleurs le hasard ironique de cette évolution linguistique récente, quand on considère que la racine à l'origine de l'injure renvoie au sexe féminin. Par un étonnant retour aux sources, le connard est un homme obsédé par les cons (du latin *cunnus,* la vulve féminine).

Chapitre 8

1. Chaumier, 2004.
2. Extrait du blog de *Madametergiverse.*
3. Extrait du blog de *Ra7or.*
4. Extrait du blog de *Marion.*
5. Forum du site *presence-pc. com.*
6. Forum du site *presence-pc. com.*
7. Beltzer et Bozon, 2008.
8. Extrait du forum *Yahoo. com.*
9. Blog de *Lademoiselletéméraire.*
10. Fourier, *Nouveau monde amoureux,* 1816. Dans *L'étrange histoire de l'amour heureux,* je souligne pourquoi Fourier a échoué dans son rêve.
11. Kaufmann, 2009.
12. Brenot, 2001, Mossuz-Lavau, 2002.
13. Chaumier, 2004.
14. Welzer-Lang, 2005.
15. *Idem.,* p. 159. Jean-Pierre, 37 ans, est ingénieur, Gisèle, 39 ans est professeure. Ils sont mariés et ont deux enfants.
16. *Idem,* p. 170.
17. 0,6 % des femmes et 2,2 % des hommes ont eu au moins une fois dans leur vie des rapports sexuels dans un lieu échangiste (Bozon, 2008b). Quant au pourcentage des personnes vivant en couple ayant vécu cette expérience avec leur partenaire habituel, il est encore plus faible.
18. Lardellier, 2004, p. 147.
19. Chatelain, Roche, 2005.
20. Le mot disait bien la durabilité de l'attachement.
21. Illouz, 2006, p. 255.

Chapitre 9

1. Bozon, 2008b.
2. Knibielher Y., Fouquet C., 1982.
3. Extrait du forum *Plan-drague. net.*
4. Singly, 2007.
5. Pour un inventaire très complet des avancées et des freins, voir notamment : Christine Guionnet et Erik Neveu, 2004.
6. Surtout quand elles sont réalimentées par des revendications féministes différentialistes, justement critiquées par Élisabeth Badinter (2003).
7. *Cf.* notamment *Agacements, Les petites guerres du couple* et *La trame conjugale.*
8. Beltzer, Bajos, Laporte, 2008. Plus le partage des tâches ménagères est inégalitaire, plus l'homme exprime un surplus de désir, souvent insatisfait.
9. Fassin, 2005, p. 273.
10. John Gagnon et William Simon soulignent l'importance de ces « scripts » et « scénarios culturels » structurant la sexualité depuis des années. Voir plus récemment : Laumann, Gagnon, Michael, Michaels, 2000, et Simon, 1996.
11. Bajos, Bozon, 2008.
12. *Idem,* p. 593.
13. Badinter, 2003.
14. Bajos, Ferrand, Andro, 2008.
15. Marzano, 2007.
16. Millet, 2005, p. 120.
17. Extrait du blog de *Madametergiverse.*
18. Wingrove, 2008, p. 189. Sur une base statistique nettement plus représentative (!), *L'enquête sur la sexualité en France* souligne l'augmentation très significative du pourcentage des relations qui se bornent à un seul rapport sexuel chez les plus jeunes femmes (21, 8 % pour les 18-19 ans). *Cf.* Bozon, 2008a.
19. Nick note dans ses carnets que dans 77 % des cas « ce sont elles qui m'ont branché en premier ». Wingrove, 2008, p. 188.
20. Extrait de son blog.

21. Extrait du blog de *Ginfizz.*
22. *Idem.*
23. Laumann, Gagnon, Michael, Michaels, 2000 ; Simon, 1996.
24. Chez les hommes aussi, mais pour eux c'est plutôt quand ils sont exagérément pris par l'esprit de compétition.
25. Extrait de *Saskiablog.*
26. Damian-Gaillard, Soulez, 2001.
27. Voir notamment le site *CougarDate. com.*
28. Extrait du blog de *Meeticgirl.*
29. Extrait du blog *bianca. hautetfort. com.*

Chapitre 10

1. Kaufmann, 2009.
2. Extrait du blog de *Madametergiverse.*
3. Commentaire dans le blog de *Blonde.*
4. Blog de *Nina des vingtenaires.*
5. Blog de *Ginfizz.*
6. Commentaire dans le blog de *Blonde.*
7. Santagati, 2007.
8. *Cf.* par exemple Soral, 2004.
9. Extrait du blog d'*Allumette.*
10. Extrait du blog de *Saskia.*

Chapitre 11

1. Millet, 2005, p. 122.
2. Forum *Yahoo. com.*
3. Extrait du blog de *Lademoiselletéméraire.*
4. Forum *Auféminin. com.*
5. Blog de *Lane, Thestagedoor. fr*
6. Extrait du blog d'*Allumette.*
7. Extrait du blog de *Kalamity.*
8. Extrait du blog de *Nina des Vingtenaires.*
9. Extrait du blog de *Ginfizz.*
10. Blog de *Nina des vingtenaires.*
11. Forum *Doctissimo.*
12. Forum *Pathol08.com.*
13. Forum *Doctissimo.*
14. Blog de *Lafilleacentsous.*
15. Blog de *Nina des vingtenaires.*
16. Le site de conseils sur la drague, *Drague-internet.com,* recommande quelques gestes et paroles de dissimulation, surtout si l'histoire se prolonge : SMS, mots doux. « Il faut déguiser tout cela de temps en temps en pseudo-couple. » Mais en maintenant bien sûr strictement le cap : ces conseils sont dans le chapitre « Plan cul ».
17. Entendre : des sex toys humains.
18. Picq, Brenot, p. 2009.

Conclusion

1. Giddens, 2004, p. 108.

Annexe méthodologique

1. Forum *Auféminin.com*
2. Ce qui ne signifie pas d'ailleurs que son récit soit totalement dénué d'intérêt, car il renseigne sur le travail de l'imaginaire. Mais il est évidemment crucial de savoir qu'il ne traduit aucun passage à la réalité.

Bibliographie

Alberoni F. (1994), *Le vol nuptial. L'imaginaire amoureux des femmes,* Paris, Pocket.

Alberoni F. (1999), *Le premier amour,* Paris, Plon.

Badinter E. (2003), *Fausse route,* Paris, Odile Jacob.

Bailey B. (1988), *From Front Porch to Back Seat : Courtship in Twentieth-Century America.* Baltimore, The Johns Hopkins University Press.

Bajos N., Bozon M. (2008), « Sexualité, genre et santé » dans bajos N., Bozon M., *La sexualité en France,* Paris, La Découverte.

Bajos N., Ferrand M., Andro A. (2008), « La sexualité à l'épreuve de l'égalité », dans Bajos N., Bozon M., *La sexualité en France,* Paris, La Découverte.

Bauman Z. (2004), *L'amour liquide. De la fragilité des liens entre les hommes,* Rodez, Le Rouergue/Chambon.

Beldjerd S. (2008), *Goûts en mouvements. L'individu à l'épreuve d'une sociologie des activités esthétiques ordinaires dans les espaces du quotidien,* Thèse de sociologie, Université Paris Descartes.

Beltzer N., Bajos N., Laporte A. (2008), « Sexualité, genre et conditions de vie », dans Bajos N., Bozon M., *La sexualité en France,* Paris, La Découverte.

Beltzer N., Bozon M. (2008), « Les séparations et leurs suites : rencontres sexuelles et prévention après une rupture conjugale ou amoureuse », dans Bajos N., Bozon M., *La sexualité en France,* Paris, La Découverte.

Bologne J.-C. (1998), *Histoire du sentiment amoureux,* Paris, Flammarion.

Bozon M. (2008a), « Premier rapport sexuel, première relation : des passages attendus », dans Bajos N., Bozon M., *La sexualité en France,* Paris, La Découverte.

Bozon M. (2008b), « Pratiques et rencontres sexuelles : un répertoire qui s'élargit », dans Bajos N., Bozon M., *La sexualité en France,* Paris, La Découverte.

Bozon M., Héran F. (2006), *La formation du couple,* Paris, La Découverte.

Brenot P. (2001), *Inventer le couple,* Paris, Odile Jacob.

Brym R., Lenton R. (2001), *Love Online : A Report on Digital Dating in Canada,* Toronto, MSN

Chatelain Y., Roche L., (2005), *In bed with the Web : Internet et le nouvel adultère,* Saint-Quentin-en-Yvelines, Chiron.

Chaumier S. (2004), *L'amour fissionnel. Le nouvel art d'aimer,* Paris, Fayard.

Corbin A. (1987), « Le secret de l'individu », dans Perrot M., *Histoire de la vie privée,* tome 4, *De la Révolution à la Grande Guerre,* Paris, Seuil.

Courier P.-L. (1820), « Pétition à la Chambre des députés pour les villageois que l'on empêche de danser », *Œuvres complètes,* Paris, Gallimard, Pléiade.

CLAIR I. (2008), *Les jeunes et l'amour dans les cités,* Paris, Armand Colin.

DAMIAN-GAILLARD B., SOULEZ G. (2001), « L'alcôve et la couette. Presse féminine et sexualité : l'expérience éphémère de Bagatelle (1993-1994) », *Réseaux,* n° 105.

DURET P. (2009), *Sociologie de la compétition,* Paris, Armand Colin.

DUMESNIL A. (2004), « Mes copains sur Internet, c'est "pour de faux" et "pour de vrai" », *La lettre de l'enfance et de l'adolescence,* n° 55.

EDWARDS L. (2008), *Secrets of the A Game : How to Meet and Attract Women Anywhere, Anyplace, Anytime,* Los Angeles, Sweetleaf Publishing.

FASS P. (1977), *The Damned and the Beautiful : American Youth in the 1920s,* New York, Oxford University Press

FASSIN E. (2005), « Démocratie sexuelle », *Comprendre,* n° 6.

FEIN E., SCHNEIDER S. (2002), *The Rules for Online Dating : Capturing the Heart of M. Right in Cyberspace,* New York, Pocket Book.

FERRAND M., BAJOS N., ANDRO A., (2008), « Accords et désaccords : variations autour du désir », dans BAJOS N., BOZON M., *La sexualité en France,* Paris, La Découverte.

GIAMI A. (2005), « Santé sexuelle : la médicalisation de la sexualité et du bien-être », *Comprendre,* n° 6.

GIDDENS A. (2004, première édition anglaise, 1992), *La transformation de l'intimité. Sexualité, amour et érotisme dans les sociétés modernes,* Rodez, Le Rouergue/Chambon.

GUILLEBAUD J.-C. (1998), *La tyrannie du plaisir,* Paris, Seuil.

GUIONNET C., NEVEAU E. (2004), *Féminins/Masculins, Sociologie du genre,* Paris, Armand Colin.

HESS R. (1989), *La valse. Révolution du couple en Europe,* Paris, Métailié.

HESHMAT D. (2006), « Le Caire traque ses amants », *La pensée de midi,* n° 17

ILLOUZ E. (2006a), *Les sentiments du capitalisme, Paris,* Le Seuil.

ILLOUZ E. (2006b), « Réseaux amoureux sur Internet », *Réseaux,* n° 138

JACOTOT S. (2008), « Genre et danses nouvelles en France dans l'entre-deux-guerres. Transgressions ou crise des représentations ? », *Clio. Histoire, femmes et sociétés,* n° 27.

KAUFMANN J.-C. (2004), *L'invention de soi,* Paris, Armand Colin.

KAUFMANN J.-C. (2009), *L'étrange histoire de l'amour heureux,* Paris, Armand Colin.

KINSEY A., POMEROY W., MARTIN C. (1948), *Sexual Behavior in the Human Male,* Philadelphie/Londres, Saunders Company.

KNIBIELHER Y. FOUQUET C. (1982), *Histoire des mères, du Moyen Âge à nos jours,* Paris, Hachette-Pluriel.

LAGRANGE H. (2003), *Les adolescents, le sexe, l'amour,* Paris, Pocket.

LARDELLIER P. (2004), *Le Cœur Net. Célibat et amours sur le Web,* Paris, Belin.

LAUMANN E., GAGNON J., MICHAEL R., MICHAELS S. (2000), *The Social Organization of Sexuality : Sexual Practices in the United States,* Chicago, The University of Chicago Press.

LEJEALLE C. (2008), « La difficulté de construire son identité numérique dans la rencontre amoureuse en ligne », *Consommations & Sociétés,* n° 8.

LIPOVETSKY G. (2005), « Orgie hard, sexe sage », *Comprendre,* n° 6.

MARCUSE H. (1963, première édition américaine 1955), *Éros et civilisation,* Paris, Minuit.

MADDEN M., LENHART A. (2006), *Online Dating,* rapport, Washington, Pew Internet & American Life Project.

MARZANO M. (2007), *La pornographie ou l'épuisement du désir,* Paris, Hachette-Pluriel.

MASSON C. (2006), *Journal de mes rencontres sur Internet,* Paris, Thélès Éditions.

MERKLE E., RICHARDSON R. (2000), « Digital dating and virtual relating : conceptualizing computer mediated romantic relationships », *Family Relations,* Vol. 49, n° 2.

MEZRICH B. (2010) *La revanche d'un solitaire. La véritable histoire du fondateur de facebook,* Paris, Max Milo.

MILLER D., SLATER D. (2000), *The Internet : An Ethnographic Approach,* Oxford, Berg Publishers.

MILLET C. (2005), « La liberté sexuelle », *Comprendre,* n° 6.

MODELL J. (1991), *Into One's Own : From Youth to Adulthood in the United States, 1920-1975,* Berkeley/Los Angeles, University of California Press

MOSSUZ-LAVAU J. (2002), *La vie sexuelle en France,* Paris, La Martinière.

MYSTERY (2007), *The Mystery Method : How to Get Beautiful Women Into Bed,* New York, St. Martin's Press.

PEARL KAYA L. (2009), « Dating in a sexually segregated society : embodied practices of online romance in Irbid, Jordan », *Anthropological Quarterly,* vol. 82, n° 1.

PICQ P., BRENOT P. (2009), *Le sexe, L'Homme et l'Évolution,* Paris, Odile Jacob.

REICH W. (1982, première édition allemande 1936), *La révolution sexuelle,* Paris, Bourgois.

ROBINSON P. (1976), *The Modernization of Sex : Havelock Ellis, Alfred Kinsey, William Masters, and Virginia Johnson,* New York, Harper & Row.

SANTAGATI S. (2007), *The Manual : A True Bad Boy Explains How Men Think, Date, and Mate – and What Women Can Do to Come Out on Top,* New York, Crown Publishers.

SEGALEN M. (2009), *Rites et rituels contemporains* (deuxième édition), Paris, Armand Colin.

SIMON W. (1996), *Postmodern Sexualities,* Londres, Routledge.

SINGLY F. de (2005), *L'individualisme est un humanisme,* La Tour d'Aigues, Éditions de l'Aube.

SINGLY F. de (Dir.) (2007), *L'injustice ménagère,* Paris, Armand Colin.

SOHN A.-M. (1992), « Entre deux guerres. Les rôles féminins en France et en Angleterre », dans DUBY G., PERROT M., *Histoire des femmes,* tome 5, *le XXe siècle,* sous la direction de F. THÉBAUD.

SOHN A.-M. (1996), *Du premier baiser à l'alcôve,* Paris, Aubier.

SOHN A.-M. (2003), « Les "relations filles-garçons" : du chaperonnage à la mixité (1870-1970) », *Travail, genre et sociétés,* n° 9.

Soral A. (2004), *Sociologie du dragueur,* Paris, Bibliothèque Blanche.

Strauss N. (2005), *The Game : Penetrating the Secret Society of Pickup Artists,* New York, HarperCollins Publishers.

Strauss N. (2007), *Rules of the Game,* New York, HarperCollins Publishers.

Welzer-Lang D. (2005), *La planète échangiste. Les sexualités collectives en France,* Paris, Payot & Rivages.

Wheeler D. (2006). *The Internet in the Middle East,* Albany, State University of New York Press.

Wingrove L. (2008), *Des souris & un homme. Un an de rencontres sexy sur le Net,* Paris, Pocket.

COLLECTION « INDIVIDU ET SOCIÉTÉ »
DIRIGÉE PAR FRANÇOIS DE SINGLY

La collection « **Individu et Société** », née en 2002, continue la collection « **Essais & Recherches** », précédemment éditée par Nathan Université. L'une et l'autre proposent surtout des textes qui tentent de suivre au mieux le raisonnement sociologique. La liste des premiers ouvrages de la collection « Individu et Société » est ici suivie des principaux titres de la collection « Essais & Recherches » :

Peter BERGER, Thomas LUCKMANN, *La Construction sociale de la réalité*, 2006.
Philippe CORCUFF, *La Société de verre*, 2002.
Pascal DURET, *Les Larmes de Marianne*, 2004.
Pascal DURET, *Le Couple face au temps*, 2007.
Jean-Claude KAUFMANN, *Premier Matin*, 2002.
Jean-Claude KAUFMANN, *L'Invention de soi*, 2004.
Jean-Claude KAUFMANN, *Casseroles, amour et crises*, 2005.
Jean-Claude KAUFMANN, *La Femme seule et le Prince Charmant*, 2e éd. 2006.
Jean-Claude KAUFMANN, *Agacements. Les petites guerres du couple*, 2007.
Jean-Claude KAUFMANN, *Quand* Je *est un autre. Pourquoi et comment ça change en nous*, 2008.
Jean-Claude KAUFMANN, *L'Étrange histoire de l'amour heureux*, 2009.
Danilo MARTUCCELLI, *Forgé par l'épreuve*, 2006.
Manhaz Shirali, *Entre islam et démocratie. Parours de jeunes Français d'aujourd'hui*, 2007.
François de SINGLY, *Les uns avec les autres*, 2003.
François de SINGLY, *Les Adonaissants*, 2006.

Neil ANDERSON, *Le Hobo. Sociologie du sans-abri* (épuisé).
Didier DEMAZIÈRE, Claude DUBAR, *Analyser les entretiens biographiques. L'exemple des récits d'insertion* (épuisé).
Anne GOTMAN, *Dilapidation et prodigalité* (épuisé).
Jean-Claude KAUFMANN, *La Trame conjugale* (épuisé).
Jean-Claude KAUFMANN, *Corps de femmes, regards d'hommes* (épuisé).
Jean-Claude KAUFMANN, *Le Coeur à l'ouvrage* (épuisé).
Jean-Claude KAUFMANN, *Ego. Pour une sociologie de l'individu* (épuisé).
Bernard LAHIRE, *L'Homme pluriel. Les ressorts de l'action.*
Bernard LAHIRE, *Portraits sociologiques. Dispositions et variations individuelles.*
Frédéric Le PLAY, *Les Mélouga. Une famille pyrénéenne au* XIXe *siècle* (épuisé).
Gérard MAUGER, Claude POLIAK, Bernard PUDAL, *Histoires de lecteurs* (épuisé).

Karl MANNHEIM, *Le Problème des générations.*
Anne MUXEL, *Individu et mémoire familiale* (épuisé).
Jean-Claude PASSERON, *Le Raisonnement sociologique* (épuisé).
François de SINGLY, *Le Soi, le couple et la famille.*
François de SINGLY, *Libres ensemble.*
Claude THÉLOT, Olivier MARCHAND, *Le Travail en France (1800-2000)* (épuisé).
William I. THOMAS et Florian ZNANIECKI, *Le Paysan polonais en Europe et en Amérique. Récit de vie d'un migrant.*

Impression réalisée par
CPI BRODARD ET TAUPIN
en mars 2010

1010645 - (I) - (15) - OSB90° - Gui - ACT
Dépôt légal : avril 2010
N° d'impression : 57071